モバイルネットワーク時代の情報倫理

被害者・加害者にならないためのメディアリテラシー　第2版

山住富也 著

近代科学社

◆読者の皆さまへ◆

平素より，小社の出版物をご愛読くださいまして，まことに有り難うございます．
㈱近代科学社は 1959 年の創立以来，微力ながら出版の立場から科学・工学の発展に寄与すべく尽力してきております．それも，ひとえに皆さまの温かいご支援があってのものと存じ，ここに衷心より御礼申し上げます．
なお，小社では，全出版物に対して HCD（人間中心設計）のコンセプトに基づき，そのユーザビリティを追求しております．本書を通じまして何かお気づきの事柄がございましたら，ぜひ以下の「お問合せ先」までご一報くださいますよう，お願いいたします．

お問合せ先：reader@kindaikagaku.co.jp

なお，本書の制作には，以下が各プロセスに関与いたしました：

・企画：小山　透
・編集：石井沙知
・組版，カバー・表紙デザイン：菊池周二
・イラスト：近藤智代
・印刷，製本，資材管理：中央印刷
・広報宣伝・営業：山口幸治，冨髙琢磨

●本書に記載されている会社名・製品名等は，一般に各社の登録商標または商標です．本文中の©，®，™ 等の表示は省略しています．

・本書の複製権・翻訳権・譲渡権は株式会社近代科学社が保有します．
・ JCOPY 〈(社) 出版者著作権管理機構 委託出版物〉
本書の無断複写は著作権法上での例外を除き禁じられています．
複写される場合は，そのつど事前に（社）出版者著作権管理機構
（電話 03-3513-6969，FAX 03-3513-6979，
e-mail: info@jcopy.or.jp）の許諾を得てください．

はじめに

　私たちの暮らす社会は、インターネットにいつでも、どこからでもアクセスできる環境が定着してきました。携帯端末の利用人口は年々増加を続け、コンテンツもめざましく充実しています。さらに、小型のノートパソコンや、タブレット端末、スマートフォンなどを使って、出先からでもインターネットに接続できるようになりました。このように、私たちは情報端末を持ち運びながらインターネットを利用する「モバイルネットワーク時代」の中で生活しています。

　著者の勤務する大学でも、情報メディア学科の新入生全員にタブレット端末"iPad"を無償貸与します。全館無線LANの学内で、即座にインターネットに接続でき、授業で使う資料をデジタル化して配布したり、わからないことはすぐに情報を検索したりすることができます。とても便利なことですが、反面、インターネットにはさまざまな危険や怪しい情報が氾濫しています。接続したとたんにコンピュータウィルスに感染したり、気づかぬうちに自分の個人情報を盗み取られたりする可能性もあります。安易な考え方で、対策を怠ったり、いい加減な使い方をしたりすると、思いもよらぬ落とし穴が待っています。

　そこで、タブレット端末の配布と同時に、初期セットアップと情報倫理の授業を行うようにしています。著作権や肖像権、コミュニティサイト、ウィルス感染の問題など、学生にとって身近な例を取り上げ、注意を喚起します。おそらく、セキュリティポリシーはどの大学でも策定され、運用規則を守らない学生にはペナルティが科せられるでしょう。しかし、大切なことはシステムのセットアップや運用規則だけでなく、本人の意志や他人を思いやる気持ちではないでしょうか。本書には「情報倫理」という書名がついています。いいかえると「情報化社会における道徳」、「情報を活用する上での道徳」という意味です。無数に飛び交う情報に対する正しい見方や、善悪の判断、すなわち倫理観の大切さを、非常に身近なところで起こっている、また起こりうる事例を含めながら解説します。

　はじめに、情報化された社会とネットワークの仕組みを学習します（第1章）。次に、ネットワーク犯罪とコンピュータウィルスの実例を取り上げます（第2章、第3章）。さらに、安全を守る仕組みである情報セキュリティと、ネットワーク社会に関連性の高い法律について解説します（第4章、第5章）。

　各章の末尾には課題を用意しました。章で学んだことを復習するための問題

と、最近のネット犯罪や法改正の動きなどを調べるものがあります。ブラウザなどを使ってニュースやウィルスの情報などを検索してみましょう。

　これからもインターネットにはあらゆる情報が飛び交いますが、本書を通して善悪を見極める知識とスキル、すなわち被害者・加害者にならないためのメディアリテラシーを身に付けていただけますと幸いです。

　また、本書の内容をまとめた提示用スライドも近代科学社のWebサイトにアップロードしていきますので、教員の方は授業等にご利用ください。

　終わりになりましたが、原稿制作に当たりご尽力いただきました近代科学社の山口幸治氏に感謝の意を表します。

　なお、本書は『ネットワーク社会の情報倫理』(近代科学社、2005年)を元に内容を改訂した『モバイルネットワーク時代の情報倫理』(2009年、初版)をさらに改訂し、新版を制作しました。

2015年10月　著者

目次

第1章 情報化社会

1.1 情報活用による生活の変化 ……………………………………… 2
- 1.1.1 ネットショッピング ………………………………… 2
- 1.1.2 情報検索 …………………………………………… 3
- 1.1.3 ネットワーク・コミュニケーション …………… 4
- 1.1.4 スマートフォンとタブレット端末 ……………… 6

1.2 電子化される情報 ………………………………………………… 7
- 1.2.1 eBook ……………………………………………… 7
- 1.2.2 電子マネー ………………………………………… 8
- 1.2.3 POS ………………………………………………… 8
- 1.2.4 GPS ………………………………………………… 8
- 1.2.5 マイナンバー制度 ………………………………… 9

1.3 ネットワークの仕組み …………………………………………… 9
- 1.3.1 プロバイダ ………………………………………… 9
- 1.3.2 サーバとクライアント …………………………… 10
- 1.3.3 パケット通信方式 ………………………………… 12
- 1.3.4 インターネットのアドレス ……………………… 13
- 1.3.5 電子メールの送受信 ……………………………… 18
- 1.3.6 WWW ……………………………………………… 19
- 1.3.7 クラウドコンピューティング …………………… 20

1.4 サイバー犯罪の傾向と検挙状況 ………………………………… 21

1.5 メディアリテラシー ……………………………………………… 23
- 第1章のまとめ ……………………………………… 25
- 章末問題 ……………………………………………… 26

第2章 ネットワーク犯罪

2.1 不正アクセスによる被害 ……… 28
2.1.1 不正アクセスとは ……… 28
2.1.2 アカウント盗用の防止 ……… 29

2.2 個人情報の漏洩 ……… 30
2.2.1 情報流出の危険 ……… 30
2.2.2 不正な情報収集 ……… 32
2.2.3 クロスサイト・スクリプティング ……… 34

2.3 出会い系サイト ……… 36
2.3.1 出会い系サイトに関係した事件 ……… 36
2.3.2 出会い系以外のコミュニティサイト ……… 37

2.4 架空請求・不正請求 ……… 39

2.5 ネット詐欺 ……… 41
2.5.1 ネットショッピング ……… 41
2.5.2 ネットオークション ……… 42

2.6 知的財産権の侵害 ……… 44
2.6.1 デジタルデータと著作権 ……… 44
2.6.2 ファイル共有ソフト ……… 44

2.7 メールやコミュニケーションアプリの悪用 ……… 45
2.7.1 スパムメール ……… 45
2.7.2 デマメール ……… 46
2.7.3 ネットいじめ ……… 47
2.7.4 ストーカー行為 ……… 48

2.8 掲示板・コミュニティサイト ……… 48
2.8.1 誹謗中傷とは ……… 48
2.8.2 誹謗中傷に発展するケース ……… 49
2.8.3 不適切投稿 ……… 50

| 2.9 | 違法販売・有害情報 | 52 |

- 2.9.1 違法販売 ... 52
- 2.9.2 有害情報の掲載 ... 53
- 2.9.3 IT機器による違法行為 ... 54
  - 第2章のまとめ ... 55
  - 章末問題 ... 56

第3章 コンピュータウィルス

3.1	有害なプログラム	58
3.2	コンピュータウィルス	59
3.3	コンピュータウィルスの分類	60

- 3.3.1 ファイル感染型ウィルス ... 60
- 3.3.2 ブートセクタ感染型ウィルス ... 61
- 3.3.3 マクロ感染型ウィルス ... 62
- 3.3.4 Webページ感染型ウィルス ... 63

3.4	ワーム	63
3.5	トロイの木馬	64
3.6	スパイウェア・アドウェア	66
3.7	ウィルスによる被害の現状	67

- 3.7.1 ウィルスの届出件数 ... 67
- 3.7.2 感染経路 ... 70
- 3.7.3 携帯端末に感染するウィルス ... 73

| 3.8 | ウィルス対策 | 74 |

- 3.8.1 個人ユーザとしての対策 ... 75
- 3.8.2 組織としての対策 ... 77
  - 第3章のまとめ ... 79
  - 章末問題 ... 80

第4章 情報セキュリティ

4.1 情報セキュリティとは … 82
4.1.1 情報セキュリティに求められるもの … 82
4.1.2 セキュリティの運用について … 83

4.2 ユーザ認証 … 83
4.2.1 パスワード管理 … 84
4.2.2 カードによる認証 … 88
4.2.3 生体認証 … 88

4.3 ファイアウォール … 90
4.3.1 フィルタリング … 91
4.3.2 ファイアウォールの種類 … 92
4.3.3 公開サーバの設置 … 94

4.4 バックアップとファイルの管理 … 95
4.4.1 パーソナル機のバックアップ … 95
4.4.2 サーバ機のバックアップ … 97
4.4.3 通常のファイル管理 … 97

4.5 暗号と電子署名 … 98
4.5.1 暗号通信 … 99
4.5.2 暗号の仕組み … 100
4.5.3 共通鍵暗号方式 … 101
4.5.4 公開鍵暗号方式 … 102
4.5.5 公開鍵の認証機関 … 103
4.5.6 デジタル署名 … 104
4.5.7 SSL / TLS … 104

4.6 無線LAN … 107

4.7 セキュリティポリシー … 108

第4章のまとめ … 111
章末問題 … 112

第5章 インターネットと法律

- 5.1 不正アクセス禁止法 …………………………………… 114
  - 5.1.1 不正アクセス行為の禁止等に関する法律 ………… 114
- 5.2 Webサイトと著作権法 ………………………………… 117
  - 5.2.1 知的財産権 ……………………………………… 118
  - 5.2.2 データの複製 …………………………………… 121
  - 5.2.3 著作物の送信 …………………………………… 123
- 5.3 マルウェアに関する法律 ……………………………… 126
- 5.4 掲示板での誹謗中傷と管理責任 ……………………… 129
  - 5.4.1 名誉毀損罪と侮辱罪 …………………………… 129
  - 5.4.2 掲示板の管理責任 ……………………………… 130
- 5.5 犯行予告に関する規制 ………………………………… 132
- 5.6 個人情報保護法 ………………………………………… 134
  - 5.6.1 個人情報の保護に関する法律 ………………… 135
  - 5.6.2 個人情報の扱いに関する義務 ………………… 136
  - 5.6.3 個人情報保護法の改正点 ……………………… 138
- 5.7 古物営業法 ……………………………………………… 141
- 5.8 電子消費者契約法 ……………………………………… 145
  - 5.8.1 操作ミスの救済 ………………………………… 146
  - 5.8.2 契約の成立時期の転換 ………………………… 146
- 5.9 特定電子メールの送信に関する法律 ………………… 148
  - 5.9.1 オプトイン方式 ………………………………… 149
  - 5.9.2 送信方法に関する規定 ………………………… 151
  - 5.9.3 受信者の対応 …………………………………… 153
- 5.10 出会い系サイトの規制 ………………………………… 154
  - 5.10.1 出会い系サイトの利用における禁止事項 …… 155
  - 5.10.2 インターネット異性紹介事業の届出制 ……… 157
  - 5.10.3 インターネット異性紹介事業者の義務 ……… 159

5.11 闇サイトに関する法律 ……………………………… 162
- 5.11.1 自殺サイト ……………………………………… 162
- 5.11.2 犯罪を誘引するサイト ………………………… 163
- 5.11.3 闇サイトの通報 ………………………………… 166

　第5章のまとめ …………………………………… 168
　章末問題 …………………………………………… 169

　索引 ………………………………………………… 171

第1章 情報化社会

　1990年代以降、世界中にネットワークが張り巡らされ、インターネットを介したコミュニケーションが可能になっています。インターネットでやりとりされる「情報」は単なる文字や数値等の集まりでなく、他の物資と同様に価値のある「データ」として重要な存在となっています。このように情報やそれを支える情報技術（IT：Information Technology）が産業、経済、文化など生活や実社会の中で大きな役割を担う社会を「**情報化社会**」といいます。日本は高度に情報化された社会の1つです。

　では、はじめにこの章では、情報化社会で提供・利用されているさまざまなサービスと、インターネットの基本的な仕組みについて学習しましょう。また、最近のネットワーク犯罪について、全体の傾向をデータで見てみます。

- 情報化社会におけるネットサービス
- 電子化されていくさまざまな情報
- インターネットの基本的な仕組み（アドレスの割り付けやプロトコルについて）
- ネットワーク犯罪の傾向
- 「メディアリテラシー」とは

情報活用による生活の変化

インターネットの出現と普及により、私たちの生活は非常に大きな影響を受けています。**ネットバンキング**（Internet Banking）を使えば会社や自宅からでも銀行の窓口で行っていた手続きが可能です。また、コンピュータ以外の機器にもネットワークの通信機能が組み込まれ、携帯電話やスマートフォンで**モバイル通信**（Mobile Communication）が行われています。

情報の発信も簡単になりました。ユーザ登録すれば無料で電子メールのアカウントを取得したり、Webページを作成してアップロードしたりすることもできます。

このように生活の中にコンピュータやネットワークが組み込まれ、意識することなく活用している環境を**ユビキタス・コンピューティング**（Ubiquitous Computing）といいます。「**ユビキタス**」とはラテン語の"ubique"が語源で、「いつでも」、「あらゆるところで」という意味です。「目に見えない」ほど、また「区別がつかない」ほど情報機器が日常に織り込まれた社会で、私たちは生活しています。

最近は、**IoT**（Internet of Things）、すなわち「モノのインターネット」という言葉が聞かれるようになりました。現在は、コンピュータやモバイル機器以外のモノもインターネットに接続して使われる時代です。

 ### ネットショッピング

実店舗をもたない通信販売においては、商品の写真や値段と詳細説明が記載されたカタログを顧客に送付し、電話やFAXで受注しています。

それをWebサイト上で行っているのが**ネットショッピング**（Internet Shopping）です。カタログをWebページに掲載し、受注も行います。顧客の情報はデータベースを設置して管理します。ここでいう情報とは、**ユーザID**（User Identification）と**パスワード**（Password）のような、ユーザ認証に必要となる情報と、ショッピングに関するさまざまな記録（購入商品、購入時期、個数等）です。顧客データを元に、次の購買意欲につながるような情報をメールで送信した

り、Webページにアクセスしたとき表示したりします。郵送料と比較して宣伝のための通信費が大幅に節減できますし、自動管理できる部分も多くあります。

　しかし、このような電子商取引では相手の顔が見えないため、代金をだまし取られるネット詐欺が後を絶ちません。また、顧客情報が外部に流出する事件も多発しています。同様に**ネットオークション**（Internet Auction）においても、ユーザをだます悪質で巧妙な手口がいくつか知られています。

1.1.2　情報検索

　インターネット上には無限ともいえるほど多くの情報が存在します。その中から自分にとって有益な情報を探したい場合、**検索エンジン**（Search Engine）を使います。インターネットへの「入り口」という意味で**ポータルサイト**（Portal Site）とも呼ばれます。

　検索エンジンには、インターネット上で公開されている情報をカテゴリ別に分類して検索する**ディレクトリ型**と、データベースに蓄えたWebサイト全文の中からキーワードによって検索する**全文検索型**があります。また、ディレクトリ型と全文検索型を組み合わせた検索エンジンもあります。

　検索エンジンへWebサイトなどの情報を登録する方法には、申請に応じてスタッフにより手作業で行われるものと、ロボットと呼ばれるプログラムを使って、Webサイトの内容やアドレスを収集する**ロボット型**があります。

　キーワードで検索すると、関連性の高い順序でWebサイトを表示します。登録されている情報数や、内容の審査、関連性の順位付けなどは、検索エンジンによって異なります。

　検索エンジンは企業広告の掲載料で運営されています。よって、一般のユーザは無料で利用することができます。ユーザがインターネットで情報を探す場合、検索エンジンは最初に利用するサイトですので、企業の広報手段として表示順位を上位にするためにさまざまな競争がされています。

　また、辞書や用語辞典として公開されているWebサイトもあります。例えばウィキペディア（Wikipedia）は誰でも追記・編集できるオープンコンテント（Open Content：文書などのコンテンツが共有状態に置かれる）の百科事典です。インターネットを介して成長している地球規模の事典といえるでしょう。

ネットワーク・コミュニケーション

▶ Webメール

　電子メールは、コンピュータや携帯電話で情報を発信する手段としてすでに定着しています。GoogleやYahooなどの大手サイトでは、**Webメール**サービス（**フリーメール**）が利用できます。これらのWebサイトで登録すれば、無料でアカウントを取得できます。Webページを閲覧する環境さえあれば、出先からでも電子メールを送受信できます。

　連絡手段として最も高速かつ安価なため、独自のサイトにWebメールの環境を整えて、電子メールの利用を推進している企業や大学も少なくありません。

▶ Webページの掲載

　Webページを個人で作成して掲載するのは手間のかかる作業ですが、プロバイダや大手サイトでは、会員ユーザのWebページを無料で掲載するサービスもあります。中でも「ブログ」や「プロフ」は、非常に人気のあるサービスです。

　しかし一方で、中傷やいじめを目的とした「**裏サイト**」、犯罪を誘引サイトする「**闇サイト**」などの存在が大きな問題となっています。自由に情報を掲載できる反面、常に公序良俗に反する情報が発信される危険が伴います。

● ブログ

　日記のように自分の行動や身辺で起こったことなどを日々掲載し更新していくWebサイトを**ブログ**（Blog）といいます。ブログはもともと**ウェブ・ログ**（Web-log）が略された言葉です。単なる日記のみでなく、他の人と共通の話題について意見交換する形式のブログも多数存在します。

● プロフ

　プロフは「プロフィール」（Profile）が略された言葉です。自分の氏名、血液型、趣味などのプロフィールや顔写真をプロフサイトで用意されたフォームに入力すると、ユーザごとのWebページが作成されます。プロフィールの中で公開したい項目を選択すると、他のユーザがその項目を閲覧可能となります。ブログと同様に日記のような書き込みや投稿ができます。

▶ コミュニティ型サイト

　SNS（Social Networking Service）と呼ばれます。コミュニティ型サイトは人と人とのコミュニケーションを促進・サポートすることを目的とした会員制のWebサイトの総称です。SNSにはプロフィール掲載、日記の書き込みの他にも多くの機能があります。ブログやプロフも広い意味でSNSに含まれます。

　Facebookはマーク・ザッカーバーグがハーバード大学在籍中に開設した世界最大のSNSです。実名でユーザ登録するところが他のサイトと異なります。日本では"mixi"が先駆けとなったSNSとして有名です。参加するためには、既存の参加者からの招待を必要とするシステムです。2010年には画像や動画を投稿・共有するインスタグラム（Instagram）というサービスが始まりました。多くのユーザが、日常の様子をスマートフォンのカメラで撮影し、アップロードしています。撮影した画像を簡単に加工・修正できるのが特徴です（インスタグラムは2012年にFacebookに買収されました）。

　また、Twitterも世界中にユーザをもつコミュニティ型サイトで、ツイート（tweet：つぶやき）を投稿するサービスです。ユーザのツイートは時系列でタイムラインに表示されて流れていきます。また、他のユーザを追跡することをフォローといいます。

▶ 対話アプリ

　2011年6月にLINEという対話アプリが登場しました。ユーザ登録をすれば、文字での対話のほか、無料通話もできます。中高生の間で瞬く間に広がり、2014年にはユーザ数が世界で5億人に達しました。24時間、友達と無料で会話できるので、「LINE中毒」という社会問題にまで発展しました。また、メッセージを受け取り、すぐに返信しないと、「既読無視」したとして反発を受けるため、返信しなければならないという脅迫観念から、深夜でもLINEを使い続けるという問題も起こってます。さらに、LINEのIDを乗っ取り、他人になりすまして詐欺に使うという犯罪も起こっています。

　対話アプリには他にもカカオトークなどがあります。これらのアプリは、デフォルト設定のままだと、見知らぬユーザからもIDを検索される、友達に追加されるという危険があります。新たなつながりを求めるおもしろさの反面、危険が隣り合わせです。よって、

- ID検索を許可しない
- 知らない人に友達への追加を許可しない

という2点は必ず設定して使うべきです。もちろん、掲示板などに対話アプリのIDを公開してはいけません。

▶ オンラインゲーム

同時に複数の人がインターネットを介して行うコンピュータゲームを**オンラインゲーム**（Online Game）といいます。ゲームの相手をインターネット上で新しく探して遊べることから、コミュニケーションの1つといえます。ゲームソフトを各ユーザのコンピュータにインストールし、対戦成績や途中経過などのデータをインターネットで公開しながらゲームを進行します。コンピュータに限らず、インターネットへ接続可能なゲーム機を使ったオンラインゲームもあります。

人々のゲームへの関心は非常に高く、加熱しています。このことから、ゲームサイトで自分の欲しいアイテムを他人から不正に奪ったり、パスワードを盗んだりしてプレイする事件が起こっています。また、ゲームで知り合った相手とトラブルが起き、実際に暴力事件に及んだ例があります。

 ## スマートフォンとタブレット端末

2007年に"iPhone"が発表されて以来、スマートフォンが爆発的に普及しています。音楽や動画の他に、アプリをインストールすることにより、便利なツールとして使ったり、ゲームなどを楽しんだりすることもできます。携帯電話の進化形ではなく、パソコンが小型化したものと考えた方が良いでしょう。さらに、2010年にはタブレット端末"iPad"が発表されました。パソコンとスマートフォンの中間に位置するような存在として、多くのユーザに受け入れられました。

ところが、あまりにもスマートフォンに夢中になり、歩きながら（または自転車を運転しながら）スマートフォンを使って、周囲が見えなくなり、誰かとぶつかったり、駅のホームから転落したりするなどの事故も多発しています。「歩きスマホ」はもはや社会問題です。

アプリの中には不正なものも存在し、インストールするとスマートフォンやタブレットの情報を抜き取られることがあります。また、最近は、街中に多くのWiFiスポットが存在しますが、中には、**ハニーポット**と呼ばれる個人情報収集目的のスポットもあります。パスワードがかかっていないからといってむやみにア

クセスするのは危険が伴います。

- インターネットを介した電子商取引が定着した。
- 現在は、検索エンジンやSNSなどで情報の収集や交換が可能な情報化社会である。

1.2 電子化される情報

　コンピュータ上もしくはインターネット上で送受信される情報は、**デジタル化**されています。すなわち、紙のような物体ではなく、"0"と"1"の2つの値を組み合わせて表されるデータに変換されています。

　共通の形式でデジタル化することにより、世界中のコンピュータで情報交換ができます。また、「もの」を持ち歩く代わりに、デジタル化された情報をCD、DVD、USBメモリ、SDカードといった**メディア**（Media：媒体）で持ち運ぶことができます。

　すでにデジタル化され、日常生活の中で活用されているものはたくさんありますが、代表的なものをいくつか挙げましょう。

1.2.1 eBook

　eBook（イーブック）は**電子書籍**とも呼ばれ、コンピュータ、スマートフォン、携帯電話などの画面上で紙の本と同様の感覚でページをめくりながら読まれる書籍の総称です。

　通常、eBookは出版元からダウンロードしたり、Webで配信されているものを、専用のソフトで表示することにより読むことができます。eBookの著作権を保護するため、ライセンス（有料）を入手してユーザIDとパスワードを入力するのが一般的な使い方です。

1.2.2 電子マネー

電子マネー（Electronic Money）は、インターネット上の電子商取引や、現金やクレジットカードなしで買い物をするためのデジタル化された通貨で、電子通貨、電子貨幣ともいわれます。

ICカードは電子マネーの形態の1つです。最初にICカードにチャージ（入金）し、支払いに応じて残額を記録します。クレジットカードと異なり、利用したその場で即時決済を行うシステムになっており、電子財布とも呼ばれます。また、携帯電話にICカードが組み込まれた「おサイフケータイ」も利用されています。

また、電子マネーには残額管理を行うソフトウェアをコンピュータにインストールし、ネットワークを介して決済を行う方法もあります。

1.2.3 POS

POS（Point of Sales）とは「販売時点」という意味です。商品が売買された時点で、「いつ・どの商品が・誰に、どんな価格で・いくつ売れたか」などをリアルタイムに集計し、経営側が売上の傾向を把握し、在庫管理や物流、商品開発に情報を活用するためのシステムです。

現在、ほとんどのコンビニや百貨店などに専用のレジスタが設置され、ネットワークを通してデータが蓄積されていきます。

1.2.4 GPS

GPS（Global Positioning System）は、人工衛星を利用して地球上における位置を割り出すシステムです。軍事利用を目的に開発されていましたが、現在は低価格化とネットワーク環境の整備が進み、地図を表示したり、カーナビゲーションシステムに組み込まれたりするようになりました。

また、スマートフォンにはGPS機能が標準で搭載されており、位置情報を利用する地図アプリが活用されています。

マイナンバー制度

社会保障・税番号制度のことで、かつては国民総背番号制といわれていたものです。

2013年5月に「行政手続における特定の個人を識別するための番号の利用等に関する法律」が国会で成立しました。2016年1月から**マイナンバー制度**が開始となり、各自治体から個人番号が支給されます。給与・税金や医療などさまざまな個人情報と結び付くことになりますので、各個人だけでなく、自治体や企業などあらゆる場所での管理が重要になります。

- 共通形式で情報が電子化され、メディアに保存、運搬される。
- 電子化された情報は、eBookやPOS等で活用が進められる。

 # ネットワークの仕組み

 ## プロバイダ

インターネットを利用するには、まず**プロバイダ**（ISP：Internet Service Provider）に接続します。プロバイダとはインターネットでさまざまなサービスを提供している運用団体です。

プロバイダへの接続方法には、一般家庭の場合、ISDN、ADSL、CATV、FTTHなどがあり（表1.1）、それぞれ回線速度やサービス内容に応じた料金体系となっています。ユーザのコンピュータとプロバイダが提供するネットワーク回線の間には、接続方法に応じた信号に変換するための機器が必要です。近年では、FTTHが主流となり、他の方式は徐々にサービスを終了しています。

表1.1 プロバイダへの接続方式

接続方式	接続機器	概要・特徴等
ISDN (Integrated Services Digital Network) 統合デジタル通信網	ISDNターミナルアダプタ (TA)	従来の電話回線をデジタル化し、電話、FAX、データ通信など統合した通信を行う。
ADSL (Asymmetric Digital Subscriber Line) 非対称デジタル加入線	ADSL用モデム	一般の電話回線と共有ができるので導入コストが安い。上り（アップロード）と下り（ダウンロード）の速度が異なり、下りのほうがより高速に設計されている。
CATV (Community Antenna TeleVision) ケーブルテレビ	専用モデム	ケーブルテレビ放送用の回線を使ってインターネット通信を行う。各プロバイダ（CATV局）が提供する専用モデムを利用する。
FTTH (Fiber to the Home) 光ファイバ回線	ONU (Optical Network Unit)	光ファイバケーブルを家庭に引き込み通信を行う。現在、最も高速で安定な通信回線となっている。

1.3.2 サーバとクライアント

　電子メールやWebサイト閲覧のサービスは、**インターネットサーバ**（Internet Server）によって提供されます。**サーバ**（Server）は「提供者」を意味します。サービスを提供するハードウェア（つまりコンピュータ）もしくはソフトウェア（プログラム）のことをサーバと呼んでいます。

　サーバに対してユーザ側のコンピュータを**クライアント**（Client）といいます。クライアントは「顧客」を意味します（図1.1）。

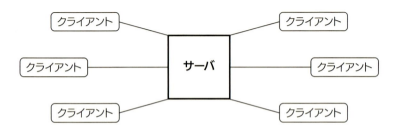

図1.1　サーバとクライアント

表1.2 サーバのサービス・役割

サーバ名	サービス・役割
WWW（World Wide Web）	WWWコンテンツ公開
SMTP（Simple Mail Transfer Protocol）	メール送受信
POP3（Post Office Protocol ver.3）	メール受信
FTP（File Transfer Protocol）	ファイル転送
DNS（Domain Name Sysytem）	IPアドレス変換
DHCP（Dynamic Host Configuration Protocol）	IPアドレス自動割り付け
PROXY	代理サーバ

　サーバはクライアントからのリクエスト（要求）に応じてサービスを提供します。インターネットで利用されているサービスによって、サーバにもいくつかの種類があります（表1.2）。

　ユーザは上記のサービスを利用するにあたり、主として**ブラウザ**（Browser）やメールソフトなどのアプリケーションを使います。アプリケーション上ではあまり意識することはありませんが、サービスごとに通信の方法を定めた約束があり、これを**プロトコル**（Protocol）といいます。プロトコルを日本語に訳すと「通信手順」もしくは「通信規約」となります。

　例えば、電話を使って通話する場合、相手が応答するまでは「トゥルルル…」、話し中の場合は「ツーツー…」という共通の音が合図となります。また、話し中の時に第三者が割り込まないように、回線は排他制御されています。このような通信のための共通ルールはインターネットでも必要となり、サービスごとにプロトコルが定められました。

　また、データを入出力するにあたり、コンピュータでは**ポート**（Port）を振り分けてデータの受け渡しを行います。ポートとは、外部とやりとりするための**インタフェース**（Interface）で、プロトコルごとに標準化された共通の番号が割り付けられています。よく利用されるポート番号とプロトコルは表1.3に示します。

　このポートがむやみに開放されていると、**クラッカー**（Cracker）に**ポートス**

表1.3 ポート番号と通信プロトコル

ポート番号	プロトコル	用途
20	ftp-data	ファイル転送（データ）
21	ftp	ファイル転送（コントロール）
22	ssh	SSH
23	telnet	telnet
25	smtp	メール送受信
53	nameserver	DNS
80	http	WWW
110	pop3	メール受信
119	nntp	ネットニュース
443	https	WWW（セキュアhttp）

キャン（Port Scan）という方法で侵入される危険性があります。そこで、セキュリティ対策ソフトなどを使って、そこを通過するデータを監視することにより、不審な通信を遮断します。

なお、クラッカーとは「破壊者」という意味で、悪意をもってコンピュータやネットワークで盗聴、破壊、改ざんを行う者をいいます。クラッカーと時々混同して使われる言葉に**ハッカー**（Hacker）がありますが、これは本来コンピュータ技術に精通している人のことをいいます。

1.3.3 パケット通信方式

インターネットの通信では非常に多くのユーザが回線を共有します。そこで、情報を**パケット**（Packet）いう小さな単位に分割して送受信します。パケットとは「郵便小包」のことです。

1本の回線に複数のユーザがデータを送信しても、パケットの単位で順次送り出すことにより、回線を共有することができます。個々のパケットには送信元や送信先、通し番号などがヘッダとして付加されていますので、さまざまな経路を通過してパケットが届いても、受信側では受け取ったパケットを再構築して、元のデータを読み取ることができます。これを**パケット通信方式**（Packet Commu-

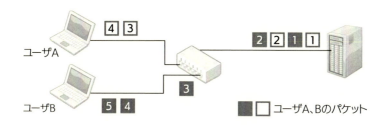

図1.2 パケット通信方式

nication）といいます（図1.2）。

　パケット通信はインターネットの開発当初から取り入れられていました。電子メールを送信する場合やWebページからデータをダウンロードする場合、まず多数のパケットに分割してから通信を行います。通信中にパケットの1つが破損した場合でも、破損した分だけを再送すればよいので送受信の効率が良くなります。また、不正アクセスや不正な情報の持ち出しなどの怪しい動きは、ファイアウォールがパケットを監視し、遮断することでセキュリティを維持します。この**パケットフィルタリング**については第4章でも解説します。

1.3.4 インターネットのアドレス

▶IPアドレスとドメインネーム

　通信を行う場合、相手の場所がわからなければメッセージを正しく届けることはできません。そこで、インターネットに接続された個々のコンピュータやネットワークの接続機器には**IPアドレス**（IP Address）という番号が割り振られています。

　IPアドレスで最も広く使われているのは**IPv4**（Internet Protocol version 4）です。全部で32ビットの数値を、

　　202.236.110.76

のように8ビットずつ4つに区切って、1つのアドレスを表します。この番号は、

ユーザが勝手に付けてしまうと同じものが存在してアドレスを一意に定義できなくなります。そこで、各国の **NIC**（Network Information Center）という機関が管理しています。

IPアドレスは32ビットの数値ですので、利用する人間から見るとわかりにくいものです。そこで、IPアドレスに対応した**ドメインネーム**（Domain Name）が割り付けられています。ドメインネームは、

　　　www.kindaikagaku.co.jp　　（例：近代科学社のWebページ）

のように記述されます。ドメインネームは **DNS**（Domain Name System）サーバによりIPアドレスに変換されます。

IPv4は32ビットの数値ですので2^{32}（約42億）通りのアドレスが上限で、世界中のインターネット人口が増すにつれIPアドレスの枯渇が懸念されています。そこで、128ビットでアドレスを表記する **IPv6**（Internet Protocol version 6）という新しいバージョンが考案され実用化されました。IPv6は、2^{128}通りのアドレスを割り付けることができます。

IPv6のアドレスは、次のように128ビットを16ビットずつ8つにコロンで区切り、16進数で表します。現在、一般のプロバイダでもIPv6への移行が進められています。

　　　ACBE:CFDA:EBF2:AD4D:3F01:FE45 :E789 22A1

▶ ドメインネームの仕組み

Webやメールアドレスではさまざまなドメインネームが使われています。以下はWebページとメールで使われるドメインの例で、いずれも下線部がドメインネームです。特にWebページのアドレスを **URL**（Uniform Resource Locator）といいます。

　　　Webページアドレス　www.kindaikagaku.co.jp
　　　メールアドレス　　　tomlin@nagoya-bunri.ac.jp

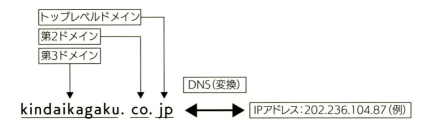

図1.3 ドメインネーム

　ドメインネームは図1.3のように、「ラベル」（63文字以下）をピリオドで区切って表記されます。右のラベルから「トップレベルドメイン」、「第2ドメイン」…と呼びます。
　トップレベルドメイン（TLD：Top Level Domein）には**分野別**（gTLD：generic TLD）と**国コード**（ccTLD：country code TLD）があります。分野別トップレベルドメインには"com"（commercial：商業組織用）、"net"（network：ネットワーク用）、"org"（organization：非営利組織用）などがあります。用途によっては登録の際に認可が必要なものがあります。国コードは2文字のアルファベットです（表1.4）。

表1.4　国コードトップレベルドメイン（抜粋）

ccTLD	国名・地域名	ccTLD	国名・地域名
au	オーストラリア	fr	フランス
br	ブラジル	it	イタリア
ca	カナダ	ru	ロシア
cn	中国	jp	日本
de	ドイツ	uk	イギリス
eg	エジプト	us	アメリカ合衆国

1.3　ネットワークの仕組み

表1.5 属性型ドメインネーム（日本）

ドメイン	属性（組織）
ac	学校教育法および他の法律の規定による学校（"ed"ドメインに該当するものを除く）
co	株式会社、有限会社、合名会社、合資会社、相互会社等
go	日本国の政府機関、各省庁所轄研究所、独立行政法人等
or	財団法人、社団法人、医療法人、監査法人、宗教法人、独立行政法人等（他のドメインに属さない政府組織や団体）
ad	JPNICの正会員が運用するネットワーク
ne	日本国内の営利または非営利で提供されるネットワーク運用団体
gr	複数の日本に在住する個人または日本国法に基づいて設立された法人で構成される任意団体
ed	保育所、幼稚園、小中高等学校などの各種学校のうち主に18歳未満を対象とする教育機関等
lg	地方公共団体のうち、普通地方公共団体、特別区、一部事務組合および広域連合等

日本を表すトップレベルドメインは"jp"です。"jp"の付くドメインには、**属性型**、**地域型**などがあり、第2レベルドメインで区別されます。表1.5は属性型の分類です。属性型は組織種別型ともいわれます。

グローバルアドレスとプライベートアドレス

NICから割り振られた世界に1つだけのIPアドレスを**グローバルアドレス**（Global Address）といいます。それに対して、大学や企業など組織内のネットワークで割り当てられたIPアドレスを**プライベートアドレス**（Private Address）といいます。グローバルアドレスを割り付けた機器（**ルータ：Router**）に複数のコンピュータを接続して、プライベートアドレスを割り付けることで、グローバルアドレスを共有できます（図1.4）。

プライベートアドレスを割り付けたコンピュータからは直接インターネットで通信はできません。そこで、インターネットとの境界にルータ等の接続機器を設置して中継します。このときプライベートアドレスはそのままではインターネットに接続できませんので、**IPマスカレード**（IP Masquerade）という技術でグローバルアドレスに変換します。

プライベートアドレスを使うと、外部からの侵入に対して比較的安全になると

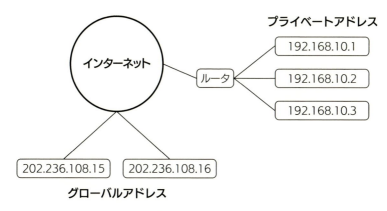

図1.4 グローバルアドレスとプライベートアドレス

いう利点があります。また、IPアドレスの枯渇問題に対しても、IPv4のままでアドレスの数が充足できます。

▶ MACアドレス

コンピュータのネットワークカード（Ethernetカード）に割り付けられた固有のID番号を**MACアドレス**（Media Access Control address）といいます。

　　MACアドレスの例：00-19-D1-3B-08-B2

MACアドレスは「**物理アドレス**」ともいわれ、製造された段階で個々の番号がネットワークカードに割り当てられます。ユーザが変更することはできません。無線LANや特定のネットワークにおいて接続を許可するコンピュータを識別するためにMACアドレスを登録するシステムが利用されています。

コンピュータのIPアドレスや、ネットワークカードのMACアドレスを確認してみましょう。例えば、OSがWindows 10の場合はコントロールパネルで［ネットワークとインターネット］-［ネットワーク共有センター］-［イーサネット］-［詳細］とクリックすると、図1.5のウィンドウが表示されます。ここで、「IPv4アドレス」がコンピュータのIPアドレス、「物理アドレス」がMACアドレスです。

図1.5 MACアドレスとIPアドレス（［ネットワーク接続の詳細］画面）

1.3.5 電子メールの送受信

　電子メールは宛先のアドレスに届けられるまでに、郵便物と同じような手順で送信されます（図1.6）。
　まず、ユーザはメールソフトを使って、メールの内容と宛先を入力し、［送信］ボタンをクリックします。すると、メールソフトで設定されたプロバイダの**SMTPサーバ**にメールが送られます。SMTPサーバは郵便ポストの役割をもち、そこへ投函したと考えてください。
　次に、SMTPサーバはメールのアドレスに書かれたドメインネームで送信すべき相手の国や組織を判別します。そして、いくつもの中継器を経て、宛先となるドメインネームの**POP3サーバ**へ届けられます。ここで中継の繰り返しのことを**ルーティング**（Routing）といいます。インターネットはプロバイダ同士を接続してできているネットワークですので、世界規模での中継が可能となり、国を越えて通信ができるわけです。
　受信者側ではPOP3サーバへ接続し、メールをダウンロードして読みます。POP3サーバは私書箱の役割をしているといえます。

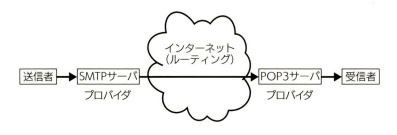

図1.6 メールの送受信

1.3.6 WWW

　WWW（World Wide Web）はインターネットに接続したコンピュータで、OSやマシンの機種によらず情報閲覧できるように考案されたシステムです。Web（ウェブ）とは蜘蛛の巣のことですので、直訳すると「世界規模で広がっているクモの巣」ということになります。このシステムはもともと論文閲覧用にCERN（欧州合同素粒子原子核研究機構）で構築されたものでしたが、1990年代前半に一般公開され、その後すぐに世界中に普及しました。

　WWWで公開される情報は**HTML**（Hyper Text Markup Launguage）という言語で記述されます。HTMLはカギ括弧（<、>）で囲まれる**タグ**（Tag：しるし）を使って文書構造や表示スタイルを表します。さらに、文書中に画像、音声、動画などのデータを埋め込むこともできます。また、HTMLの大きな特徴は、他のページへジャンプ（Hyperlink：**ハイパーリンク**）するような仕掛けが可能なことです。WWWのページは通常ブラウザで表示されますが、クリックするだけで他のページへ移ることができます。このジャンプを繰り返して、次々と関連するページを閲覧することをネットサーフィンと呼んでいます。

　WWWでは、HTML以外にもJavaScriptやPHPといったスクリプト言語が利用されています。これらの言語を用いると、ユーザインターフェース（入力画面）からの送信や数値処理も可能になります。

　WWWで情報を公開するには、WWWサーバに公開するファイルをアップロードする必要があり、一般にはプロバイダが管理するWWWサーバにFTPソ

フトを使って転送します。ユーザ側がブラウザでURLを指定すると、公開されたファイルがコンピュータにダウンロードされ、表示されます。

WWWにおける通信プロトコルはhttp（Hyper Text Transfer Protocol）を使います。ブラウザでURLを入力するときには、以下のように先頭に"http://"を付けます。

http://www.kindaikagaku.co.jp/　（近代科学社）

 クラウドコンピューティング

インターネットを介して、インターネット上のどこかにあるソフト、ハード、データや各種サービスを利用する情報活用の形態を**クラウドコンピューティング**（Cloud Computing）といいます。インターネットを雲（クラウド）としてとらえ、ユーザがインターネット上のハードウェアやその中にあるデータを、位置や内部構造などを意識することなく利用するという考え方が、このように呼ばれるようになりました。

- IPアドレスとは、コンピュータやネットワーク機器に割り付けられたインターネット上の住所のことである。
- MACアドレスはネットワークカード固有のアドレスのことである。
- プロトコルは通信のための共通ルール、ポートはコンピュータが外部とデータをやりとりするための窓口のことである。
- プロバイダ同士の中継を繰り返して（ルーティング）、遠隔地まで情報が送受信される。

1.4 サイバー犯罪の傾向と検挙状況

　WWWや電子メールなどインターネットのサービスは、その利便性から、業務目的だけでなく一般のユーザにまで広まりました。しかし一方で、怪しい情報を掲載する不審なWebサイトも出現しました。また、メールを使った詐欺事件や他人のパスワードでログインする**不正アクセス**などの**サイバー犯罪**（Cyber-crime）も多発しています（Cyber-：コンピュータの、ネットワークの）。つまり、インターネットが犯罪の道具として使われていることになります。

　図1.7のデータは警察庁がまとめたサイバー犯罪の検挙状況です。検挙数が増加傾向にあることがわかります。犯罪の種別（表1.6）で見ると、「**不正アクセス禁止法違反**」では、フィッシングなどメールを使って他人のIDとパスワードを盗み出すという手口が大きな問題となっています。不正アクセスされた後、ネットバンキングにより不正送金される被害が出ています。「コンピュータ・電磁的記録対象犯罪」はWebページの改ざんや、データ消去といった犯罪です。これも不正アクセスがきっかけとなる場合が多くあります。

　「ネットワーク利用犯罪」には、さらに表1.7のような種別があります。「詐欺」は、ネットオークションやアダルトサイトにおける不正請求などで代金をだまし取られるという被害です。「児童買春」「児童ポルノ」は出会い系サイトやコミュ

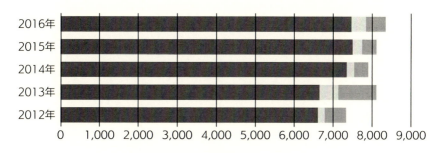

図1.7　サイバー犯罪の検挙数（警察庁）

表1.6 サイバー犯罪の検挙数（警察庁）

検挙内容	2012年	2013年	2014年	2015年	2016年
ネットワーク利用犯罪	6,613	6,655	7,349	7,483	7,448
コンピュータ・電磁的記録対象犯罪	178	478	192	240	374
不正アクセス禁止法違反	543	980	364	373	502
合計	7,334	8,113	7,905	8,096	8,324

表1.7 ネットワーク利用犯罪の検挙数（警察庁）

検挙内容	2012年	2013年	2014年	2015年	2016年
詐欺	1,357	956	1,133	951	828
児童買春	435	492	493	586	634
児童ポルノ	1,085	1,124	1,248	1,295	1,368
青少年保護育成条例違反	520	690	657	693	616
ストーカー規制法違反	78	113	179	226	267
脅迫	162	189	313	398	387
わいせつ物頒布等	929	781	840	835	819
著作権法違反	472	731	824	593	586
商標法違反	184	197	308	304	298
名誉毀損	97	122	148	192	215
その他	1,294	1,260	1,206	1,410	1,430
合計	6,613	6,655	7,349	7,483	7,448

ニティサイトの利用がきっかけで未成年の児童が被害に遭うケースがほとんどです。「著作権法違反」については、デジタルデータが簡単に複製できるため、海賊版DVDやソフトウェアの違法販売などが問題となっています。

　サイバー犯罪の具体的な事例と対策については第2章以降で取り上げます。

- サイバー犯罪は次々と新手の犯罪が出現し、検挙数は増加傾向にある。
- フィッシングなどの手口による不正アクセスが大きな問題となっている。

1.5 メディアリテラシー

前節の**サイバー犯罪**には以下の特徴があります。

サイバー犯罪の特徴
- 時間と空間に関係なく起こり、一瞬にして世界中に被害が広まる。
- 国境がないため、法律の適用から逃れることができる。
- 年齢・性別に関係なく巻き込まれる。
- ネットワークで身を隠すことにより、軽い気持ちで犯罪を犯す（また危険を侵し、被害に遭う）。
- 被害者と加害者の識別が困難な場合がある。

　インターネットの出現で、これまで伝わるはずのなかった個人情報などがWebやメールにより公開されています。また、コンピュータだけでなく携帯電話やスマートフォンも情報端末として使われ、あまり情報機器に触れることのなかった高齢者や児童が犯罪に巻き込まれ始めました。
　このような情報化社会で安全に生活していくためには、情報機器の利用方法と共にインターネットのルールとマナーを理解し、遵守する必要があります。不審なサイトを閲覧したり、入力画面でパスワードを送信したりする前に、少なくとも次のことを考えてみましょう。

インターネットのルールとマナー
- 他人に迷惑をかけないか。名誉毀損などにあたる書き込みをしていないか。
- 自分が犯罪に巻き込まれないか。詐欺や個人情報流出などの危険はないか。
- 違法行為に当たらないか。違法サイトを見ていないか。
- ウィルス対策をしているか。コンピュータやシステムが危険にさらされないか。

　1つでも疑わしい場合は、むやみにクリックするのを踏みとどまって、ルールとマナーを確認しましょう。

さらに、ルールは万全でないということも覚えておく必要があります。インターネットは国境のない世界ですので、法律が頼りにならないこともあります。また、これまで考えられなかったようなサイバー犯罪が発生してから、法律が制定されているのも実態です。法律ができるのは、すでに大きな犠牲が払われた後です。

そこで、少しでも安全にネットワークを利用していくため、ユーザ自身が身に付けるべき能力が**メディアリテラシー**（Media Literacy）です。

メディアは「情報を伝達する媒体」のことで、新聞、テレビ、インターネットなどはすべてメディアにあたります。リテラシーとは「読み書きや計算する能力」です。つまり、メディアリテラシーは「情報媒体を正しく使いこなす能力」ということです。

インターネットやコンピュータの利用方法とともにルールやマナーを理解し、他人とのコミュニケーションに活用していくスキルは、ますます重要になります。氾濫する情報の中には不適切なものも含まれますので、自ら信憑性を確かめ、情報を選ぶ能力も必要です。

誰もが情報端末を利用し、持ち歩くようになった「モバイルネットワーク時代」に、メディアを適切に利用する能力であるメディアリテラシーを身に付けましょう。

なお、メディアリテラシーの概念については、文部科学省の「情報教育の実践と学校の情報化～新「情報教育に関する手引」～第2章 初等中等教育における情報教育の考え方」で次のように示されています。

> 「メディアリテラシーの概念とは、メディアの特性を理解し、それを目的に適合的に選択し、活用する能力であり、メディアから発信される情報内容について、批判的に吟味し、理解し、評価し、主体的能動的に選択できる能力を示すもの」

- 新しいサイバー犯罪には法の整備が追い付けない。
- ルールは万全でないという認識をもち、自己防衛を心がける。
- メディアリテラシーとは情報媒体を正しく使いこなす能力である。

第1章のまとめ

この章では以下のことを学習しました。

- 情報活用による生活の変化
- 電子化される情報
- ネットワークの仕組み
- サイバー犯罪の傾向
- メディアリテラシー

章末問題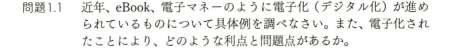

問題1.1 近年、eBook、電子マネーのように電子化（デジタル化）が進められているものについて具体例を調べなさい。また、電子化されたことにより、どのような利点と問題点があるか。

問題1.2 オンラインゲームにおけるトラブルについて具体的な事例を調べなさい。

問題1.3 掲示板やコミュニティサイト、対話アプリで問題となっていることは何か。具体的な事例を挙げて説明し、問題の防止策や解決策を調べなさい。

問題1.4 現在使用しているコンピュータに割り付けられているIPアドレス、およびMACアドレスを調べなさい。

問題1.5 クラウドコンピューティングを用いたサービスにはどのようなものがあるか調べなさい。

問題1.6 メディアリテラシーとはどのような概念か。また、インターネットを利用する上で必要となるメディアリテラシーとは何か。

第2章 ネットワーク犯罪

　ネットワーク社会には多くの利便性がある反面、従来とは手口の異なる犯罪が起こっています。相手の顔が見えないことに加え、**ハンドルネーム**（Handle Name：インターネット上で利用されるニックネーム）で行われるコミュニケーションには、犯罪者に仕組まれた落とし穴もあります。携帯電話やスマートフォンも、通話以外に電子メールやブラウジングなど、パソコンと同じようにインターネットのサービスが利用できます。手軽に持ち運びができるため普及が進み、子供から高齢者にいたるまで利用者は増え続けています。このため、携帯電話やスマートフォンをきっかけとして、これまでにないタイプの犯罪に中高生や高齢者が巻き込まれるケースが多発しています。また、被害者であるはずの人が、加害者となってしまうケースも存在します。

　この章では、ネットワークにおける犯罪の事例を見ながら、その対策や心構えを学びましょう。

この章のポイント

- 不正アクセスとアカウントの盗用
- 個人情報の不正流用と漏洩（ろうえい）
- 出会い系サイトを温床とする犯罪
- 架空請求と不正請求
- ネットショッピングやオークションでの詐欺
- 違法コピーやファイル共有による知的財産権の侵害
- 電子メールの悪用
- 掲示板における誹謗中傷と威力業務妨害
- 有害情報を掲載するWebサイト

不正アクセスによる被害

不正アクセスとは

　正規ユーザ以外の者が、本来アクセス権のないコンピュータやシステムへ侵入することを**不正アクセス**（Illegal Access）といいます。顔が見えないため、**アカウント**（Account）を入手すれば、簡単に正規ユーザになりすますことができ、サイバー犯罪の象徴ともいうべき犯罪です。よって、ユーザには各自がアカウントを自己管理するという意識が必要です。

　不正アクセスの原因は、アカウントの盗用や不正流用による助長行為です。

不正アクセス行為
・盗用などで知った他人のアカウントでアクセスする。→「**なりすまし**」
・正規のユーザに無断でアカウントを提供する。→「**助長行為**」
・アカウントを盗むために偽装サイトを開設する（フィッシング）。→「**準備行為**」

　他にもシステムやソフトウェアの**脆弱性**（ぜいじゃくせい）（Vulnerability）を狙う**クラッキング**（Cracking）があります。いったん不正アクセスを許すと、以下のような被害に遭いかねません。

不正アクセスによる被害
・本人に送信されたメールを盗み見る。
・盗用したユーザIDを利用して、サーバを破壊する。
・そのプロバイダが提供するさまざまなサービスを不正に利用する。
・本人になりすまして詐欺をはたらく。
・サーバを踏み台にして、別のサーバを攻撃する。

　このような行為には、「不正アクセス禁止法」により1年以下の懲役または50

万円以下の罰金が科されます（5.1節参照）。他にも、システムをダウンさせ、サービスを停止させるなどの被害を与えれば、刑法によって罰せられます。いたずら目的でも不正アクセスは犯罪となりますので、他人のユーザIDやパスワードを知ってしまっても、絶対にアクセスしてはいけません。また、不正アクセスはさらに他のサイバー犯罪を引き起こすきっかけとなる可能性もあります。

- 他人のアカウントを無断で使ったアクセスは、不正アクセス行為である。
- いたずら目的でも不正アクセスをしてはならない。
- 不正アクセスは他のサイバー犯罪のきっかけにもなる。

アカウント盗用の防止

　アカウントはユーザ自身がしっかり管理しなければなりません。うっかりして悪意のある人にアカウントを知られると、不正アクセスの原因となり、自分ばかりか他の人まで犯罪に巻き込む恐れがあります。

　なお、自分のユーザID・パスワードなどを故意に漏らしたり、他人に貸し出してはいけません。大学や企業などの運用規則で、このような行為は一般に禁じられています。

　また、管理者を装ってアカウントを巧みに聞き出すことを**ソーシャル・エンジニアリング**（Social Engineering）といいます。例えば、管理者から「【緊急】」、「《※重要》」というような件名でメールを送られてくると本当に緊急事態だと信じ込んでしまいそうです。しかし、パスワードを尋ねるメールを受けても、メールでパスワードを返信してはいけません。このようなメールには返信せず、プロバイダに届け出ましょう。

　パスワードはできるだけ他人に推測されにくい文字列を考えてください。良いパスワードの条件をいくつか列挙します。

良いパスワードの条件
- 十分に長い（8文字以上を推奨）。

- アルファベットの大文字と小文字を混ぜて使う。
- 数字や記号を混ぜる（記号が使えないシステムもあります）。
- 単語をそのまま単独で使わない。
- 自分の個人情報（誕生日、電話番号）と無関係なものにする。
- 地名や人名などを使わない。

- パスワードは自己責任で厳重に管理する。
- アカウントを他人に貸さない。
- 推測されにくいパスワードを作る。
- 電子メールでパスワードを送信しない。

個人情報の漏洩

　電子商取引、懸賞の応募やアンケートなどは、ネットワークで大変手軽にできるようになりました。代金を支払うためカード番号を入力したり、入力フォームにプライベートな情報を書き込んだりする機会も少なくありません。そこで生じているのが、**個人情報の漏洩**や悪用といった問題です。

情報流出の危険

　ネットワークを窓口とした場合に限らず、情報収集する側は取り扱いを厳重に行う必要があります。ひとたび流出してしまうと、次のような大きな危険が生じます。

情報流出の危険
- 情報提供者のプライバシーが侵害される。
- 流出した情報を悪用される。

・情報収集者の社会的信用が失墜する。

収集された情報が流出する原因を以下に示します。

情報流出の原因

・内部の人間が機密情報を不正に持ち出す

　企業内や学内における個人情報の管理方法を明確にしておく必要があります。また、具体的なハードウェアの管理、ユーザアカウントの発行、ファイルに対するアクセス権、情報閲覧の許可などについて、その部署にカスタマイズしたルールが必要です。

・部外者に情報を盗難される

　正規ユーザがパスワードを盗まれたり、パソコンや書類を車上ねらいなどに盗難されたりするケースがあります。

・ファイル共有ソフトやメディアがウィルスに感染して流出する

　"Winny"のようなファイル共有ソフトをインストールしたパソコンが、共有したデータからウィルスに感染して情報流出するという事件が多発しています。最近ではUSBメモリのような小型メディアに感染するウィルスによって情報流出する事件もありました（ファイル共有ソフトやウィルスに関しては第3章などで説明します）。

　情報を持ち出す必要がある場合、情報漏洩の危険性を十分に察知して行動するしかありません。また、そもそも業務に関係ないソフトをインストールして利用しないように各部署でルールを決めておくべきです。

　なお、ユーザ自身の意図しない情報の不正流用や、情報を扱う業者がずさんな管理をしないよう、「個人情報保護法」（個人情報の保護に関する法律）が2005年4月より施行されています（詳細は5.6節を参照）。

・機密情報の扱いについて、組織内のルールを策定する。
・パスワードやパソコンの盗難に注意する。
・ファイル共有ソフトなど業務に関係ないソフトはインストールしない。

2.2.2 不正な情報収集

　個人情報を不正に入手するため、占いや懸賞付きのアンケートを装って、住所やメールアドレスなどを入力させるサイトがあります。
　また、金融機関を装ったメールを送りつけて、巧みな文章で偽装サイトに誘導する**フィッシング**（Phishing）という犯罪が多発しています。フィッシングは以下のような手口です（図2.1）。

フィッシングの手口
①ダイレクトメールなどを送信する（餌）。
②メール本文に書かれたURLをクリックさせ、偽装サイトへ誘導する。
③偽装サイトでアンケートなどのフォームで個人情報を入力させる（釣り上げる）。

　偽装サイトは、大手の銀行や有名なWebページがそっくりコピーされていて、一見して偽物とわかりにくくなっています。デジタルデータはコピーが簡単ですので、Webページの複製も簡単に作れるということです。しかし、偽装サイトはURLが本物のページとは異なります。よって、重要な個人情報を入力する前にブラウザのURLを確認し、偽物に引っかからないようにしましょう。
　特に、電子メールに書かれているURLをクリックし、直接そのサイトを開くのは危険です。以前閲覧したことのあるサイトで、**ブックマーク**（お気に入り）に登録してあるなら、そちらからアクセスしてください。

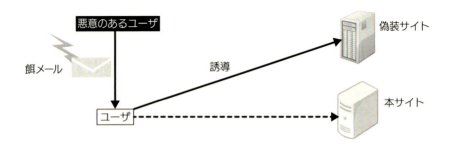

図2.1　フィッシング詐欺

また、ブラウザによってはフィッシングを検出できるものがあります。安全のために検出機能をオンに設定しておきましょう。

- Webページを見るときはURLをチェックし、偽装サイトでないことを確認する。
- メール本文に書かれたURLをクリックするのは危険である。
- 重要な情報を入力する場合、お気に入りなどに登録したアドレスからアクセスする。

コラム：犯罪の巧妙化

フィッシングはもともとFishing（釣り）に基づいた造語です。メールを餌にして、情報を釣りあげるということでこのように名前が付いています。さらにフィッシングを巧妙化した手口として、2005年になってから**ファーミング**（Pharming）といわれる犯罪が出現しました。Pharmingはもともと Farming（農業）に基づく造語のようです。

ファーミングは、フィッシングと同じく偽装サイトへ自動的に誘導する手口です。ただし、フィッシングとは異なり、餌となるメールを必要としません。代わりに「種」となる仕掛けをして「収穫」（情報収集）するため、ファーミングと呼ばれています。ファーミングを仕掛けられると、ブラウザ上でURLを正しく入力しても、偽装サイトへ誘導されてしまいます。

このような誘導を行うための「種」となる不正な仕掛けとして、DNSサーバに虚偽の情報を与えます（**DNSポイズニング**）。ユーザが入力したURLに対して虚偽のIPアドレスを返すことにより、偽装サイトへ誘導します。ただし、あらかじめウィルスなどを蒔いて、ユーザ側のコンピュータの情報（hostsファイル）を書き換えておく必要がありますので、日頃のウィルスチェックなどのセキュリティ対策で、ある程度の被害を防ぐことができます。また、サーバ管理者側としてはDNSポイズニングをされないような対策が必要です。

なお、現在はフィッシングの定義もさまざまで、ファーミングはステルス型のフィッシングである、すなわちフィッシングの一種という見方もあります。

2.2.3 クロスサイト・スクリプティング

　フィッシング以外に個人情報を盗み出す最近の手口として、**クロスサイト・スクリプティング**（Cross Site Scripting："XSS"と略されることがある）があります。悪意をもったユーザがWebの入力フォームなどで**スクリプト**（Script：簡易プログラムを記述するためのプログラミング言語）のコードを入力し、ページ内容の書き換えを行います。サーバ側でこれをチェックする機能がなければ、そのページをユーザが訪れたときに、スクリプトが実行されてしまう可能性があります。

　このようなページをブラウザで見ると、他のサーバへ強制的にジャンプさせられ、悪意のあるスクリプトを実行されることがあります。何か仕掛けをしたWebページをクロスして（横切って）、別のサイトのスクリプトを実行することから「クロスサイト」といわれます。

　スクリプトの中にコンピュータのクッキーファイルを読み取るものがあります。**クッキー**はユーザが訪問したWebの履歴や入力したID、パスワード等の情報を保存したものです。これを盗み出され、不正使用されるといった被害が出ています。

　サーバ側の対策として有効なのは、スクリプトコードを識別して無効にする設定をすることです。ユーザ側では、ブラウザを見ているだけでは危険を認識できないため、スクリプトをユーザの許可なくむやみに実行しないように設定にします。また、不正スクリプトでクッキーの情報を持ち出されないように、ファイアウォールの設定や**セキュリティソフト**のインストールもしておきましょう。

　図2.2はWindows 10から搭載されたブラウザEdgeの設定画面です。まず、[クリアするデータの選択]をクリックしてください。次に図2.3の画面が表示されますので、削除したい項目をチェックします。クッキー以外にも、入力フォームから入力されたデータやパスワードなどもチェックしておきましょう。[削除]ボタンをクリックすると削除が実行されます。

・ブラウザでスクリプトの実行を許可すると、危険が伴う。
・閲覧履歴、クッキーなどの情報は削除し、コンピュータに残さない。

図2.2　Edgeの設定

図2.3　閲覧データのクリア

2.2　個人情報の漏洩

2.3 出会い系サイト

「**インターネット異性紹介事業**」、通称「**出会い系サイト**」は、掲示板などを通じて新しい友人を作ることを目的とするWebサイトです。しかし、もともと出会うはずがなかった大人と金銭目的の少女が、これらのサイトを利用して知り合い、児童買春の温床になっていることも事実です。中には殺人事件など凶悪犯罪におよんだ事例もあります。18歳未満の児童がスマートフォンなどの携帯端末をもつようになったことで、若年齢層の被害が多くなっています。また、出会い系サイトを利用する男性が、知り合った相手を女性と思って会いに行った結果、恐喝され、金品を要求されるというケースもあります。一度くらいなら、という気軽な気持ちから、このような被害に遭うケースが多いので、危険を十分に承知した上で行動しましょう。

さらに、携帯端末には静止画や動画の撮影機能が付いた物が多くあります。便利さとは裏腹に、交際相手にわいせつな写真を撮られたり、交際を断った後に写真を掲示板にアップロードされ、中傷されたりする被害も出ています。

被害は一瞬で広がりますので、相手に与える精神的なダメージは大変に大きなものです。このような**誹謗中傷**や**肖像権の侵害**は深刻な犯罪です。今後、さらに高画質で大容量の携帯端末が開発されることが予想されますが、使い方を誤れば最新の技術も誰かを不幸にする兵器になってしまいます。軽はずみな行動をとる前に、被害を受ける相手の気持ちになって考えましょう。

2.3.1 出会い系サイトに関係した事件

警察庁のまとめによると、出会い系サイトの関係する事件で最も顕著なのは、児童買春・児童ポルノ法違反です。

児童買春は、出会い系サイトを連絡掲示板として使った違法行為です。児童の側が金銭目当てに買春を誘う**不正誘引**で検挙される場合も少なくありません。

児童ポルノは、知り合った児童をカメラで撮影し、わいせつ画像や動画をインターネット上に掲載したり、販売したりする行為です。写真や動画をばらまくと

表2.1 出会い系サイトに起因する犯罪の検挙数（警察庁）

検挙内容	2012年	2013年	2014年	2015年	2016年
児童買春	117	71	74	43	29
児童ポルノ	19	14	10	7	1
青少年保護育成条例違反	30	31	23	15	9
児童福祉法違反	46	38	41	20	3
重要犯罪（殺人・強盗・放火・強姦・略取誘拐・強制わいせつ）	6	5	3	7	0
その他	0	0	1	1	0
合計	218	159	152	93	42

脅迫され、お金を恐喝される事件に発展する場合もあります。

表2.1は、出会い系サイトに関連する事件の検挙数です。

出会い系以外のコミュニティサイト

2008年、「出会い系サイト規制法」が改正され、インターネット異性紹介事業者は届け出制となりました。また、サイトの利用者が児童でないことの確認や、不適切な書き込みの削除などが義務づけられ、パトロール活動や自主的な規制が促されています（詳細は5.10節参照）。

また、携帯端末からのアクセスが大半を占めることから、各プロバイダはフィルタリング機能強化を促進しています。しかし、携帯端末のフィルタリングが強化されると、SNSなど他のコミュニティサイトを使って同じような不正誘引が増加するという傾向もあります。実際に、スマートフォンの掲示板アプリでLINEのIDを交換して、児童買春におよんだ例があります。

現在、出会い系以外のコミュニティサイトの利用から児童買春・児童ポルノの被害にあった児童の数は、出会い系サイトの利用をきっかけとした場合の被害者数を上回っています（表2.2）。出会い系サイトだけでなく、一般サイトでもネットで知り合った人と安易に会ってはいけません。

2009年頃からは、家出して泊まる場所を探している少女を誘い込む「**家出掲示**

表2.2 コミュニティサイトに起因する犯罪の検挙数（警察庁）

検挙内容	2012年	2013年	2014年	2015年	2016年
児童買春	182	226	260	359	425
児童ポルノ	242	341	358	507	563
青少年保護育成条例違反	596	678	711	699	662
児童福祉法違反	32	22	54	48	43
重要犯罪（殺人・強盗・放火・強姦・略取誘拐・強制わいせつ）	24	26	38	39	43
合計	1,076	1,293	1,421	1,652	1,736

板」が新たな問題となっています。すでに軟禁や暴力事件も発生しました。よって、今後も**サイバーパトロール**やプロバイダによる監視体制は重要となります。

- 出会い系サイトで知り合った人と、軽い気持ちで会わない。
- 児童買春や恐喝の温床とならないよう、SNSを利用するときは分別ある行動をとる。
- 携帯端末やコンピュータのフィルタリングを導入する。
- 出会い系サイト以外でも、ネットで知り合った人と安易に会わない。

2.4 架空請求・不正請求

　1度も利用したことのないサイトの利用料金を求めることを「**架空請求**」といいます。請求方法は葉書、電子メール、電話などさまざまです。利用した覚えのないサイトの利用料金を請求されても相手にしてはいけません。

　また、無料サイトの利用料金や、契約と異なる有料サイトの利用料金を求めることを「**不正請求**」といいます。Webページを閲覧していて、突然「会員登録されました。月額○○万円の料金を2週間以内に下記の口座にお振り込みください」というようなメッセージが表示されるという被害が出ています。他にも、「無料」と書かれたWebページを閲覧すると、「会員登録されました。○月○日までに登録料をお支払いください」というメッセージを表示するページがあります。これらは「**ワンクリック詐欺**」と呼ばれる典型的な不正請求の例です。

　また、迷惑メールの中に記載されたURLをクリックすると、突然有料サイトに接続（誘導）されて会費請求されることもあります。このような、利用契約する意志がないにもかかわらず契約や会員登録が完了したような表示をし、会費をだまし取ることは違法行為です（5.8節参照）。

　これらの犯罪手口に共通するのは、ユーザの確認なしに有料サイトに誘導したり、あたかも登録手続きが完了したようなメッセージを表示し、「会費を払わなければ訴えられます」、「あなたの情報を読み取りました」というような心理的な圧迫で代金をだまし取ろうとする点です。中には実在しない公的機関や裁判所など名前を用いた請求もあります。

　架空請求の相談件数（表2.3）と相談事例を以下に示します。

表2.3　架空請求全般に関する年度別相談件数
（国民生活センター）

年度	2012年	2013年	2014年	2015年	2016年
相談件数	41,802	38,853	67,801	80,877	83,068

相談事例

- 「あなたが当選しました」というメールが届き、クリックすると出会い系サイトに登録されてしまい、利用料金を払った。
- 会員登録していない出会い系サイトからメールが届き、クリックすると利用料金を請求された。
- 迷惑メールを知人からのメールと勘違いして開けたらアダルトサイトにつながり、料金を請求された。
- アダルトサイトで画像をクリックしたら会員登録され料金が発生した。

　このような事態にならないようにするには、まず怪しげなWebサイトを閲覧したり、不審なメールを開かないことです。また、「今ならタダ!」とか「無料サンプル」のような表示にうっかり騙されてはいけません。どこまでが無料で、どこから料金が発生するか見極める必要があります。また、有料サイトを利用するのであれば、サービスにかかる料金を確かめて、請求額が不当でないかを確認してください。

　消費者生活センターではこのようなトラブルについての相談窓口を設けています。おかしい、怪しいと思ったら、自分だけで判断せず、相談してみましょう。

- 怪しいサイト、メールは無視する。
- 本人の了承なしに会員登録することは違法である。
- 不正請求には一切応じない。

2.5 ネット詐欺

2.5.1 ネットショッピング

インターネット上では、カタログ通販のように写真を掲載したWebページを介してショッピングが行われています。商品の取引をネットワーク上で行う無店舗型の販売店は年々増えています。

このような取引では、ユーザ個人が実際に商品を手に取り、確認することができないため、代金をだまし取られる、いわゆる「**ネット詐欺**」が横行しています。新規のインターネットユーザも増加している中、ネットワークを使い始めて間もないころにこのような詐欺に引っかかるケースが多く、警告してもなかなか被害件数は減少しません。ほとんどの場合が次のパターンです。

ネット詐欺のパターン
① 商品を注文して代金を振り込んでも何も送付されてこない。
② おかしいと思い、注文したWebページを見ようとすると、サイトごとなくなっていた。

ネット詐欺に引っかからないための対策としては、以下の3点が挙げられます。

ネット詐欺被害への対策
・店舗の実績を確認する
　詐欺目的のページなら、何ヶ月もの長期間にわたりWebサイトを開いていることはありません。連絡先がきちんと明示されているかどうかなど、相手の情報を確かめましょう。
・できるだけ先払いは避ける
　品物の到着時に代引きで支払うほうが安全です。ただし、このシステムが使えない場合もあります。

・取引時の画面やメールを印刷・保存する

　　検挙する場合の手がかりとなるので、品物が到着するまでは取引のデータを大切に保存しましょう。

　安全性の高いサイトであれば、カード決済を使用してもよいでしょう。もし商品が送られてこない場合は、カード会社が保証するというシステムもあります。その場合も、取引の画面やメールを保存し、警察や国民生活センター（消費生活センター）へ早めに相談しましょう。

・ショッピングの前にWebサイトの実績を確認する。
・詐欺に備え、取引の証拠を残す。

2.5.2 ネットオークション

　ネットオークションのサイトでは、多種多様な中古品が出品されています。宝石・貴金属や自動車といった高額の物や、個人の趣味で収集し一般に入手困難なグッズなど、さまざまです。

　オークションの管理者は、実際に1つ1つの品々を確認しているわけではなく、ユーザ同士が取引を行う場所を設けているだけです。したがって、ここでも取引の際に起こる詐欺は後を絶ちません。基本的な対策はショッピングと同様ですが、オークションにおいてはさらに注意が必要です。

　サイトによっては、そもそも取引してはならないもの（毒薬や銃刀類など）が出品されていることもあり、たとえ競り落としても代金をだまし取られるかもしれません。また、仮に手元に届いても、もっているだけで自分が犯罪者になりますので、規制に引っかかる品を取引しないよう注意してください。もし、犯罪に巻き込まれた場合に備えて、取引の証拠となるメールは必ず保存しましょう。

　また、盗品が出品されていることもあります。そこで、2002年に**古物営業法**が改定され、**オークションサイト**の開設はすべて公安への届け出制となりました

（5.7節参照）。

　オークションサイトの表示画面には、犯罪者側から見ると詐欺をはたらくためのヒントがいくつもあります。以下はその例です。

ネットオークション詐欺に利用される危険性のある情報
・入札者のユーザID
　　メールアカウントと同じ場合、メール連絡が可能。
・最高値を付けた人（落札者）と落札できなかった人
　　2番目に高値を付けた人に、「最高値を付けた人がキャンセルしたので、繰り上がってあなたが落札しました」というようなメールを送り、代金をだまし取る「次点詐欺」をはたらく。
・安易なパスワード
　　IDと同じ、もしくは最後の1文字だけ変更するなど、パスワードが簡単に推測できれば、なりすましが可能。

　詐欺が横行したことから、最近は入札者のユーザIDを隠すようにしているオークションサイトが増えました。もしもオークション終了後に不審なメールが届いても無視し、特に**次点詐欺**には注意してください。

　IDとメールアカウントは別の文字列にすると、簡単にメール連絡できなくなります。またIDとそっくりのパスワードは危険ですので、推測されないものに変更しましょう。

　オークションサイトによっては、取引の安全性を保つため、入札者と出品者の間に第三者が仲介する、**エスクローサービス**があります。取引の際、落札者から代金を預かり、商品の到着が確認できた後に出品者に代金を支払うシステムです。**エスクロー**（Escrow）とは、法律用語で「条件付第三者預託」を意味します。

・取引すると犯罪になる出品に注意する。
・詐欺に備え、取引の証拠を残す。
・取引と関係ないメールには注意する。
・犯罪者にメールアドレスやパスワードのヒントを与えない。

2.6 知的財産権の侵害

2.6.1 デジタルデータと著作権

コンピュータで扱われる文書、写真、動画などはすべてデジタルデータで、ファイルという単位で扱われます。ファイルはハードディスク、CD-ROMなどのさまざまなメディアに記録されます。

デジタルデータは簡単に複製を作ることができるのが特徴です。例えばデジカメからCDへ、ハードディスクからUSBメモリへ、など簡単にコピーできます。また、コピーしたものをネットワーク上で公開することも可能です。

しかし、これらのファイルにはどれも**知的財産権**が存在し、コピーによりそれを侵害する可能性があります。コピーできるからといって、むやみにデータを公開（Webページで配信）してはいけません。誰かが作ったデータには、すべて**著作権**（Copyright）があります。売物であるなしにかかわらず、他人の作成したものを勝手にコピーして公開したり配布してはいけません。

例外として、著作権フリーのものがありますが、これは著作権がないのではありません。利用者に複製や配布を認めていますが、著作者の権利は尊重しなければなりません。**フリーウェア**（Freeware）と呼ばれるプログラムやデータ（Webページ用の素材集など）も同様で、使用許諾を参照しましょう。また、コピーする前に著作権フリーであるかどうかをよく確かめましょう。

知的財産権や著作権については5.2節で詳しく解説します。

2.6.2 ファイル共有ソフト

ファイル共有ソフト（File Sharing Software）とは、複数のユーザ同士がファイルを共有するためのソフトウェアです。複製禁止のソフトをこのようなソフトウェアで共有することは違法行為になります。

以前には**ファイル交換ソフト**（File Exchange Software）というファイルとファ

イルを交換するためのソフトウェアが出回りました。ユーザ同士の条件を満足した時点でファイルを交換するというもので、有名なものに"WinMX"があります。

それに対してファイル共有ソフトは、交換でなく共有ですので条件は必要なく、各ユーザが自分の欲しいファイルを入手することができます。

ファイル共有ソフトとしてよく知られるものに"Winny"（ウィニー）があります。2005年に作者が逮捕され、大きく報じられました（2011年に無罪が確定しました）。しかし、このようなソフトウェアを開発することより、著作権を侵害するような使い方をすることこそ問題といえるでしょう。

なお、共有させることを目的に、サーバやパソコン上にファイルを置くことも著作権（**公衆送信権**）に抵触します。

・ファイルを共有する場合はファイルの著作権侵害に注意する。

2.7 メールやコミュニケーションアプリの悪用

コンピュータや携帯電話で利用される機能で、電子メールは最も利用率の高いものの1つです。利用者の増加に伴い、悪意のあるメールやいたずら目的のメールも増えています。これらは**迷惑メール**と呼ばれます。迷惑メールには、スパムメールやデマメールなどがあります。

2.7.1 スパムメール

スパムメール（Spam Mail）は、ユーザに対して勝手に送りつけられる広告メールのことです。送信者は受信者の承諾を得ず、無差別にメールを配信してきます。サーバに負担をかけるばかりか、自動的にメールアドレスを生成し送信す

るツールを使って無差別に送るため、宛先が不明のメールも増発します。このようなメールの内容は、出会い系サイト・アダルトサイトなどのWebサイトに勧誘するものや、商品の宣伝・販売を目的とするものなどさまざまです。

　2002年7月、「特定電子メール法」と、「改正特定商取引法」が施行されました。以後、このようなスパムメールの配信は禁止されています。2008年には、さらに法律の改正が進められ、受信者の承諾なく宣伝メールを配信することはすべて違法行為となっています（5.9節参照）。

▶ スパムメール対策

　個人でできるスパムメール対策としては、まずスパムメールを受信しても開かずに削除することです。また、覚えのないアドレスからのメールも受信を拒否しましょう。携帯電話には特定のアドレス（ドメイン）からのメールを受信拒否する設定もありますので、各電話会社で行われているサービスを活用しましょう。パソコンの場合は、フィルタリング機能でメールを受け付けないようにしましょう。

　また、単純で短いメールアドレスの使用は避けてください。できるだけ長く、"-"（ハイフン）や"_"（アンダーバー）などの記号も混ぜるとよいでしょう。

- 受信者の許諾なしにメールを送信するのは違法行為である。
- スパムメールはフィルタリング機能で受信を拒否する。
- メールアドレスは記号も混ぜて長めの文字列にする。

2.7.2 デマメール

　デマメールは、事実無根の内容を送信する、いたずらや嫌がらせ目的のメールです。さらに、「このメールを10人に送信してください」というような内容を加えて**チェーンメール**になっている場合が多く、応じると虚偽の情報を広めてしまいます。よって、このような情報に振り回されず、怪しいメールに対しては一切応じないようにしましょう。

また、デマメールの中には「明日、○○学校を爆破する」とか「○○を誘拐する」といった脅迫まがいのメールもあります。単なるデマか実際に犯罪を計画しているものか判断が難しい場合は、放置せずに警察等に連絡して対処してもらいましょう。

・デマメールには振り回されず、削除する。
・脅迫まがいのデマメールは警察等に届け出る。

 2.7.3 ネットいじめ

　中高生が携帯端末をもつことが増えてくるにつれ、メールやブログを使った「いじめ」が起きています。クラスメートの悪口や中傷を書いたメールが、本人や他のクラスメートに送信されます。
　携帯端末はカメラ付きの機種が多くなっていますので、女子生徒が写真を撮影され、交際相手募集のような内容の文章とともにメールで送信されたケースや、裸の写真をブログに掲載されるという事件もあります。
　メールやブログによりすぐに情報が広がり、いじめを受けている生徒は精神的に大きなダメージを受けることになります。最近では、LINEのグループから突然削除される「LINEはずし」という仲間はずれにするいじめもあります。
　自分が被害にあった場合は、証拠となるメールを保存するとともに、早急に学校や警察に相談しましょう。

・メールやブログ、LINEなどをいじめの道具にしない。
・いじめの被害は、深刻化する前に学校や警察に相談する。

2.6 知的財産権の侵害

2.7.4 ストーカー行為

　特定の相手の身辺につきまとうストーカー行為は「ストーカー行為等の規制等に関する法律」（ストーカー規制法）で禁じられています。この法律は2000年に成立し、同年11月から施行されています。

　ストーカー規制法はストーカー行為に対する規制と罰則など定めています。被害届があると、犯人に対して警察署長等からストーカー行為をやめるよう警告や禁止命令を発することができます。それでもストーカー行為をやめない場合、1年以下の懲役または100万円以下の罰金が科されます。

　2013年には法律が改正され、メールやSNSを使ったつきまといもストーカー行為として規制対象となり、懲役刑が科せられるようになりました。いやがる相手に対してしつこくメールを送り続けるのはストーカー行為です。

　いじめと同じくストーカーに関しても、被害が深刻なものになる前に警察等に相談しましょう。

・メールやSNSによるつきまといも、ストーカー行為として処罰対象になる。

2.8　掲示板・コミュニティサイト

2.8.1 誹謗中傷とは

　誹謗中傷にあたる書き込みが、掲示板やチャットで大きな問題となっています。「誹謗」と「中傷」とは辞書で調べると次のような意味をもちます。

　誹謗：他人の悪口をいうこと。そしること。

中傷：ありもしないことをいって他人の名誉を傷つけること。

つまり、無根拠の悪口を書き込み、他人の名誉を損ねることです。ここで注意したいのは、たとえ書き込みの内容が事実でも、他人の名誉を損ねれば**名誉毀損**にあたるということです（詳細は5.4節を参照）。

ネットワークの利用者同士は顔が見えないだけに、ときに平気で相手を傷つけたり、名誉を損ねるような表現が見られます。人と人とのコミュニケーションでなく、コンピュータゲームのような感覚に陥るケースもあるようです。

しかし、ネットワークは多くの人が見ています。誹謗中傷に限らず、その書き込みを見た人がさらに別の場所へ書き込む可能性があります。つまり二次的、三次的被害が生じて、本人の知らないところで情報だけが暴走していきます。

人には誰でも傷つき悲しい思いをするという感情があります。マシンを前にしていてもその向こう側には自分と同じ人間がいます。書き込みをする前に、まず相手の立場に立って考えましょう。

誹謗中傷に発展するケース

▶ 掲示板で互いの意見が衝突した

チャットや掲示板はインターネット上で情報を提供しあったり、意見を交換する場所です。しかし、お互いに意見が異なり、それが火種となって口論に発展することもあります。相手の意見に対する反論でなく、中傷する書き込みをしたり、メールアドレスがわかっている場合には嫌がらせのメールまで送られてきたというケースもあります。

意見の衝突は、その場で一時的に興奮しても、時間をおくことで冷静に判断できることもあります。熱くなったり焦ったりせず、しばらく様子を見ましょう。

▶ 個人情報を書き込まれた

出会い系サイトに実名や携帯電話の番号、メールアドレス等を書き込まれ、知らない相手からの電話がかかってきたり、メールが大量に送信されてくるケースがあります。書き込みには個人情報の他に、交際（買春）を求めるような文面や写真も付けられていることがあります。逆恨みからの嫌がらせやいたずら目的に

よりこのような書き込みをされた実例は非常に多くあります。

メールアドレスや電話番号などの個人情報を勝手に書き込まれた場合は、まず、自分で掲載内容やいやがらせのメール等を証拠として保存し、そのサイトの管理者に削除を依頼しましょう。

2002年5月から、「**プロバイダ責任制限法**」（5.4節参照）が施行されていますので、管理者に対して個人情報の書き込み防止を要請したり、書き込みをした人を特定する情報の開示を求めることもできます。同時に、悪質な場合は警察にも被害を届け出ましょう。

▶ 企業や団体に対する中傷・脅迫

会社名や学校名など団体を明示して、侮辱するような発言を繰り返したり、根拠のないことを書き込んで業務を妨害する事例があります。団体や個人に対する名誉毀損、もしくは業務妨害等の犯罪に発展する恐れがある場合は、警察など公共機関の窓口に直接相談しましょう。

- 自他共に個人情報を書き込まない。
- 不適切な情報は証拠の画面を保存し、管理者に連絡して削除依頼する。
- 意見が違っても感情的にならない。
- 根拠のないことをむやみに書き込まない。

2.8.3 不適切投稿

▶ 脅迫・犯行予告

掲示板に、「小学校で児童を殺す!」、「○○駅に爆弾を仕掛ける」といった脅迫や無差別殺人の予告などを掲示板に書き込む事例が多発しました。実際にそのような犯行が行われなくても、これらは**威力業務妨害**（5.5節参照）という犯罪です。

犯人の動機は「腹が立った」、「自分が目立ちたかった」、「どんな騒ぎになるか見てみたかった」など、どれも書き込みによる多大な損害や他人への迷惑を考え

ない身勝手なものばかりです。顔が見えないからといって無責任なことを書き込んではいけません。

掲示板の書き込みについてはトレース（追跡）によって本人の特定ができるようなシステムが多くなっています。実際、2008年になってから威力業務妨害による検挙は増加しています。掲示板では、ハンドルネームでも本人特定ができると考えてください。また、このような書き込みを見たら、サイト管理者やプロバイダに届けてください。

▶ 悪ふざけ投稿

携帯端末には撮影機能があります。度の過ぎた悪ふざけで、大変な迷惑になったり法律に触れたりするような問題行為の写真が、頻繁に掲示板やSNSなどに投稿されました。具体的には以下のような例が挙げられます。

悪ふざけ投稿の例
・テーマパークの乗り物で中指を立てている写真
・線路上を歩いている写真
・アルバイト先のコンビニで冷凍庫に入っている写真
・中華料理店で裸になっている写真
・ハンバーガーショップのパンの上に寝そべっている写真

その他、「今、飲酒運転してます」、「さっきのテストでカンニングしちゃいました」というような投稿も不適切です。

いたずらや、違法行為を自慢するような投稿をすると、関係者に大変な迷惑がかかります。自分が退学のような重い処分を科せられたり、大きな負債を抱えたりする可能性もあります。軽率な行為で自分の人生や他人の生活を台無しにしないように、投稿する前によく考えてください。

・掲示板での脅迫や犯罪予告は「威力業務妨害罪」となる。
・悪ふざけで軽率な投稿をしない。

違法販売・有害情報

違法販売

　わいせつな画像や動画、海賊版のソフトなどを販売しているWebサイトが多く存在します。また、児童ポルノ（18歳未満を対象としたポルノ画像など）の公開は法律で禁じられていますが、実際には外国のサーバを利用したりして法律をかいくぐろうとしているWebサイトがあります。日本では2015年7月から児童ポルノの単純所持が処罰対象となりました。

　また、違法なドラッグや、銃刀類なども含め、売買や所持が禁止されているものがあります。もし、これらを取引できるサイトを見つけても、相手にしてはいけません。なお、厚生労働省は**薬事法**を改正し、2009年6月から、副作用の危険性が高い医薬品（かぜ薬、頭痛薬、胃腸薬等の市販薬の一部）のネット販売が禁止されました。このように状況に応じて法律も改正されますので、取引の際には随時、違法でないかの確認も必要です。

　インターネットに国境はありませんし、次々と新しいWebサイトが生まれていますので、すべてを取り締まることは困難です。しかし、違法販売等にかかわれば自分が罪人となる可能性があります。情報はいくらでも得られますが、インターネットは無法地帯ともいえますので、ユーザ側での善悪の判断や見極めが大変重要です。特に、怪しげな有料サイトや、いかがわしいDVD販売サイトなどには近づかないようにしましょう。以下は日本で禁止されている**違法販売**や掲載の例です。

違法販売・掲載の例
・わいせつ物掲載、販売
・児童ポルノ掲載、販売
・覚醒剤、危険ドラッグ販売
・銃砲刀剣類販売

2.9.2 有害情報の掲載

▶ 自殺サイト

　自殺方法の情報交換や、自殺仲間を募る掲示板を設けているWebサイトがあります。いわゆる「**自殺サイト**」です。2004年頃から、このようなWebサイトを通じて連絡を取り合った自殺志願者たちが、車中で練炭を炊いて中毒死するという事件が相次いで起こりました。また、2008年には、密閉した室内で園芸用の農薬と洗浄剤を混合して有毒ガス（硫化水素ガス）を発生して自殺する事件が多発しています。この方法の二次的被害として有毒ガスが部屋から漏れ、自殺者以外の人も巻き込まれました。

　Webサイトを見ることは自由ですが、マイナスの影響を受け、早まった行動で自分や周囲を不幸に陥れるような考え方をせず、困ったことがあれば1人だけで悩まず誰かに相談してみましょう。掲示板は自由な情報交換の場所であり、情報の提供内容については言論・表現の自由が認められています。しかし、さまざまな人が閲覧しますので、このような有害情報の掲載自体が問題です。

▶ 犯罪を誘引するサイト

　ネット掲示板で知り合った仲間3人が集まり、通りがかった面識のない女性を拉致して殺害するという事件が発生しました。犯人グループは**闇サイト**がきっかけでこのような犯罪を計画し実行しました。他にも、「あなたの恨みはらします」、「殺したいやつはいませんか」といった犯罪を請け負うような危険なサイトもあります。

　これらのサイトは犯罪の共謀や請負に関する掲示板となっており、凶悪犯罪に直接結び付くケースもあります。他にも泥棒や殺人の方法などを公開して、犯罪を誘発するような情報を掲載しているサイトもあるようです。いうまでもなく、**サイバーパトロール**で取り締まり、閉鎖するべきです。もし、個人で見つけても深入りせず、警察やプロバイダなどに届けましょう。

▶ 青少年ネット規制法（有害サイト規制法）

　2008年6月、有害情報対策として、「**青少年が安全に安心してインターネットを利用できる環境の整備等に関する法律**」（略称「**青少年ネット規制法**」、俗称「有害

サイト規制法」）が成立しました。この法律で携帯電話の事業者やパソコンメーカーに対して、**フィルタリング**（有害情報の遮断）を義務づけることになりました。「有害か否か」、「何が有害情報か」の基準は、民間の第三者機関が策定するという方針です。

また、他の有害情報対策として2008年9月に「中間法人インターネットコンテンツ審査監視機構I-ROI」が発足されました。この団体の目的はインターネット上の有害情報を審査・認定することにあります。有害かどうかを判断し、年齢別に3段階の認定マークを付与することにより、健全なコンテンツの判断材料にしてもらうということです。自殺関与や犯罪誘引サイトに関連する法律については5.11節で解説します。

IT機器による違法行為

▶ スキャナによる自炊

スキャナは紙面に描かれた情報をデジタルデータとして取り込む機器です。書籍や絵画のような著作物も取り込むことができますが、それを勝手に他人にコピーして渡したり、販売したりすると著作権法違反となります。

▶ 3Dプリンタ

3Dプリンタは企業や学校だけでなく、家庭でも購入できる値段になってきました。しかし、銃刀類のように法律で所持が規制されているものを製造してはいけません。その他、貨幣の偽造、ブランド品の模造なども禁止されています。技術は日々進化していますが、違法行為にならない使い方をしましょう。

・怪しいサイトや違法販売に関する情報に近づかない。
・フィルタリング機能を利用し、有害サイトへのアクセスを遮断する。
・スキャナや3Dプリンタなどの機器を違法行為に使わない。

第2章のまとめ

この章では以下のことを学習しました。

- 不正アクセスの危険とアカウント管理の責任
- 個人情報を守るための意識と管理
- 出会い系サイトで起こっている犯罪の実態
- 架空請求と電子消費者契約法
- ネット詐欺に遭わないための心構え
- 知的財産権侵害
- 迷惑メール対策
- 掲示板の書き込みに関する注意
- 有害コンテンツとフィルタリング

章末問題

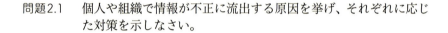

問題2.1　個人や組織で情報が不正に流出する原因を挙げ、それぞれに応じた対策を示しなさい。

問題2.2　Webサイトや電子メールなどを使った不正な情報収集について、犯罪の手口や具体的な被害の事例を調べなさい。

問題2.3　携帯電話による犯罪の具体的事例を示し、被害防止のための対策や心構えを示しなさい。

問題2.4　ネットショッピングやオークションで詐欺に遭わないために、取引で注意すべき点を挙げなさい。

問題2.5　迷惑メールについて種類とそれぞれの特徴を説明し、対策を示しなさい。

問題2.6　不正アクセスされるとどのような被害に遭う危険性があるかを示し、アカウント管理についての注意点を述べなさい。

問題2.7　ストーカー行為に関する法律について、改正点を説明しなさい。

問題2.8　掲示板などに見られる悪ふざけ投稿について具体的事例を調べなさい。また、投稿する際に注意すべき点を述べなさい。

問題2.9　ICTを悪用した違法行為について具体的な例を挙げなさい。

問題2.10　スミッシング、ビッシングとはどのような犯罪の手口か調べなさい。

問題2.11　詐欺業者が架空請求する手口について最近の傾向を調べなさい（プリペイドカード番号の不正入手、仮想通貨の不正入手など）。

第3章 コンピュータウィルス

インターネットが地球規模に広がると同時に、ネットワークを介したコンピュータウィルスが急激に増加してきました。感染範囲に国境はなく、非常に短い時間で世界中に影響が出ています。

企業や個人のコンピュータでは、データを破壊されたり、個人情報を盗まれたり、パソコンを**遠隔操作**されたりと、さまざまな被害が出ており、プロバイダでもウィルスチェックなどのサービスを始め、警戒を呼びかけています。

この章では、コンピュータウィルスについての知識と、感染を予防するための対策について学びましょう。

- マルウェア（ウィルス、ワーム、トロイの木馬など）とは
- ウィルス被害の傾向・実態
- ウィルスに感染しないための具体的対策

3.1 有害なプログラム

　コンピュータにはさまざまなソフトウェアがインストールされています。ワープロや表計算といったアプリケーションの他に、**OS**（Operating System）というシステム全体の土台になるソフトもあります。これは、コンピュータの電源を入れると初めに起動され、その後も**バックグラウンド**（Background）で作動しています。いずれもユーザにとって有益で、かつ重要なプログラムです。

　これに対して、悪意をもって作られ、配布され、広められる有害なプログラムも存在します。これを**マルウェア**（mal-ware）といいます。"mal"は「悪い」、「悪く」といった意味をもつ接頭語で、マルウェアはデータの盗用、破壊、情報収集などの目的で広められる**有害プログラム**の総称です。

　マルウェアは感染経路や機能により以下のように大別されます。

マルウェアの種類
・コンピュータウィルス（Computer Virus）
・ワーム（Worm）
・トロイの木馬（Trojan Horse）
・スパイウェア（Spyware）・アドウェア（Adware）

・有害プログラムを総称してマルウェアと呼ぶ。
・マルウェアはコンピュータウィルス、ワームなどに分類される。

3.2 コンピュータウィルス

　コンピュータウィルスは有害プログラムの1つです。ユーザが気づかぬ間に勝手にコンピュータへ忍び込んで、何か悪さをしたり、自分をさらに増殖させて広めたりする働きをします。
　具体的にコンピュータウィルスの定義をすると、次のようになります。

コンピュータウィルスの定義
　　コンピュータウィルスとは以下の機能のうち、少なくとも1つをもつ有害プログラムです。
・感染機能
　　プログラム自身が自己増殖機能をもち、他のファイルへ次々と自分の複製をコピーし、感染を繰り返します。ハードディスクやフロッピーディスク内のプログラムやデータ、マスターブートレコードというシステム領域に寄生するものがあります。
・潜伏機能
　　感染してからある条件を満たすまで活動せず、プログラムを潜伏させておき、潜伏期間の後にコンピュータウィルスの活動が開始されます。条件には、特定の日付や一定の期間、もしくはコンピュータの起動回数などがあります。
・発病機能
　　コンピュータウィルスが目的とする有害な活動を行います。例えば、音楽を流しながら画面上の文字を落下させたり、データやプログラムを消去、破壊したりするもの、また、最近では電子メールを自動送信する機能をもつものも多くあります。

　このように、感染、潜伏、発病という3段階を踏むので、人体に悪影響を及ぼすウィルスと同じような呼ばれ方をします。つまり、コンピュータウィルスとは、プログラムやデータファイルの一部として寄生しながら感染し、潜伏期間の後、発病するプログラムのことです。
　1980年代、パソコンが一般に普及し始めた頃、初めてコンピュータウィルスが発見されました。感染の媒体はフロッピーディスクで、当時はコンピュータウィ

ルスといえばフロッピーディスクにより媒介されるものを指しました。しかし、**亜種**（もとのウィルスを少し改変したもの）や、潜伏期間がないもの、発病しないものなど種類が多くなり、コンピュータウィルスについて再定義が必要になってきました。

現代ではネットワークが感染媒体となりますので、当時よりも被害の規模はいっそう大きくなっています。電子メールの添付ファイルやファイルのダウンロードによって感染したり、中にはWebページをブラウザで閲覧しただけで感染するものもあります。

- コンピュータウィルスは他のファイルに寄生し、自己増殖するマルウェアである。
- 感染、潜伏、発病機能の少なくとも1つをもつ。

3.3 コンピュータウィルスの分類

コンピュータウィルスの種類はいろいろな分類方法があります。ここでは感染先（寄生先）について、以下の4種類に分類します。

感染先による分類
- ファイル感染型ウィルス
- ブートセクタ感染型ウィルス
- マクロ感染型ウィルス
- Webページ感染型ウィルス

3.3.1 ファイル感染型ウィルス

1980年代はデータのやり取りを主としてフロッピーディスクで行っていまし

た。その頃に登場したウィルスは、プログラムやデータの一部に感染し、フロッピーディスクを介してコンピュータのハードディスクへ感染します。感染したコンピュータへ別のフロッピーディスクをセットすると、そのフロッピーディスクも感染します。この繰り返しで、被害が広まりました。個人のフロッピーだけでなく、企業や学校、病院などでもウィルスが発見され、ウィルスを駆除するためのソフトウェア（Vaccine：ワクチン）も発売されるようになりました。

ファイル感染型ウィルスは、MS-DOSの時代（Windows95登場以前）に登場し、主に.exeや.comという**拡張子**の付いた実行形式のファイルに寄生します。ファイルの一部を書き換えて、メモリに常駐し、ある条件が整うと活動を開始します。感染→潜伏→発病という段階を踏むので、ウィルスと呼ばれるようになりました。現在は、感染するとすぐに発病するものや、感染するだけで発病しないものもあり、ウィルスの定義も徐々に変わりつつあります。

▶ PE型ウィルス

Windows95以降、コンピュータが16ビットから32ビット、さらに64ビットへと進化しましたが、やはり実行形式のファイルに感染するウィルスは後を絶ちません。特に、Windowsの実行形式のファイルを**PEファイル**（Portable Executive file）ということから、**PE型ウィルス**と呼ばれます。MS-DOS時代のウィルスと区別するため、ウィルス名に"PE_"を付けます。感染すると、他のPEファイルにも感染したり、データを破壊したり、さらに電子メールで感染を広めたりします。PE型ウィルスの例として"PE_CIH"や"PE_CIHV"があります。

3.3.2 ブートセクタ感染型ウィルス

コンピュータは電源を入れると、フロッピーディスクから起動する場合はブートセクタ、ハードディスクから起動する場合はMBR（マスターブートレコード）というシステム領域を初めに読みとり、それからMS-DOSやWindowsのようなOSが起動します。

ブートセクタ感染型ウィルスは、もともとフロッピーディスク内のファイルから感染し、システム領域に感染するタイプです。コンピュータの電源を入れると、システムが立ち上がるよりも先に起動して活動します。このタイプのウィル

スには、システムのコントロールを奪い、最終的にハードディスクのデータやシステム領域自体を破壊して、起動不能にするものがあります。主にMS-DOS時代にフロッピーディスクを媒体として感染していましたが、現在もその亜種がいくつもあります。

ブートセクタ感染型ウィルスで猛威をふるったものに「ストーン・ウィルス」があります。感染すると、"Your COMputer is now stoned."というメッセージを表示したり、ディスクを破壊したりします。

3.3.3 マクロ感染型ウィルス

主としてMS-WordやMS-Excelなどのマクロ機能を悪用したウィルスを、**マクロ感染型ウィルス**といいます。自己増殖やデータの破壊を行う点は、前述のコンピュータウィルスと同じです。

マクロ機能は作業手順を記述できるプログラムで、データファイルの一部として組み込まれます。感染したデータファイルを開くと、アプリケーションソフトにも感染して、さらに他のデータファイルへと感染を繰り返します。特に、電子メールに添付されたデータファイルを開いたために感染するケースが増えています。

マクロ記述用の言語にはVBAなどがありますが、この種のウィルスは作成が比較的簡単なため、短期間で多くの種類が出現しました。また、元のウィルスを改変した亜種も作られ、拡散しました。

対策として、まずMS-WordやMS-Excelといったアプリケーションのセキュリティ機能を設定しておく必要があります。この設定を行うと、マクロが含まれるデータを検出して、実行する前に確認をすることができます。反対に設定されていない場合、確認をせずダイレクトにマクロが実行されてしまい、ウィルスに感染することがあります。

MS-Excelでのマクロで感染するタイプに"XM/Laroux"（ラルー）があります。

3.3.4 Webページ感染型ウィルス

ウィルスには、実行ファイルや文書データ以外にも、Webページを閲覧しただけで感染するタイプがあります。メールの添付ファイルは、開かず削除すれば感染しません。それに対してこのタイプでは、Webページの動画やマルチメディアコンテンツを再生するActiveXというコントロールに、悪意のあるプログラムが仕掛けられています。

また、OSによらず共通のプラットフォームで実行可能な、Java言語で記述されたアプレット（ブラウザ上で動作する小さなプログラム）にも、同様にウィルスが仕掛けられ、感染するものがあります。

最近ではVBS（Visual Basic Script）やJavaScriptといったスクリプト言語を用いて多彩なWebページが公開されています。しかし、これらのスクリプトも悪用され、ウィルスが組み込まれたページが出現しました。

これらのウィルスに対してはブラウザの設定でセキュリティを高レベルにして対策することが重要です。

- マクロ感染型ウィルスに備え、アプリケーションでファイルを開く前にマクロ機能をチェックする。
- Webページ感染型ウィルスに対しては、ブラウザのセキュリティを設定する。

3.4 ワーム

ワーム（Worm）とは英語で芋虫のような幼虫のことです。ネットワーク上を這い回るという意味でこのような名前が付けられました。ワームの定義は以下のとおりです。

ワームの定義

・有害プログラムである。
・自己増殖機能をもつ。
・他のファイルやブートセクタなどに感染（寄生）しない。

　有害プログラムである点はコンピュータウィルスと同じですが、他のファイルへ寄生せず、それ単独のファイルで増殖するという点で区別されます。近年、インターネットの普及により、電子メールの添付ファイルとして自己増殖し、大規模な被害が出ています。ワームはスクリプト言語やマクロ（前述）などで作成されるものが多く、比較的容易に作成が可能です。1つのワームを退治しても、また亜種が出現するため、沈静化されるまでに時間を要します。

　近年、感染が広まったワームに、「ラブレター」があります。

・ワームは自己増殖機能をもち、他のファイルには寄生しないマルウェアである。
・電子メールの添付ファイルで被害が広まった。

3.5 トロイの木馬

　一般のソフトウェアに見せかけ、悪意のある仕掛けが組み込まれたプログラムを**トロイの木馬型ウィルス**（Trojan Horse）といいます。名前の由来はホメロスの叙事詩「イーリアス」に出てくる、トロイ軍とギリシャ軍の戦いです。トロイ軍の屈強な城壁を打ち破るため、ギリシャ軍は巨大な木馬を置いていきます。トロイ軍が木馬を城内に持ち込んだ途端、中からギリシャ軍兵士が飛び出し、不意をついてトロイ軍を滅ぼすというものです。このことから、一見すると無害に思えるものが、中に入れた途端に悪さをするという意味で使われることがあります。

前述のウィルスやワームと異なり、トロイの木馬自身が自己増殖することはありませんが、トロイの木馬の内部に隠されていたウィルスやワームが破壊活動を行う場合があります。種類によっては**遠隔操作**が可能な機能を忍ばせ、コンピュータを外部から乗っ取るものもあります。2013年には、パソコンを遠隔操作し、そのパソコンのユーザになりすまして犯行予告を書き込むという「PC遠隔操作事件」が起こりました（2014年に犯人は逮捕されています）。

クラッキングを目的としたトロイの木馬に「ネットバス」があります。

DDoS攻撃

標的となるサーバに対して大量のパケットを送信してサービスを停止させる攻撃を、**DoS攻撃**（Denial of Service Attack）といいます。日本語で「**サービス停止攻撃**」や「**サービス拒否攻撃**」とも呼ばれます。

さらに、分散した大量のコンピュータからDoS攻撃を仕掛けることを**DDoS攻撃**（Distributed Denial of Service Attack）といいます。大量のコンピュータは、トロイの木馬に感染しています。このように、トロイの木馬に感染すると、ユーザが気づかぬうちにDDoS攻撃に参加させられることになります。

2000年に、Yahoo!やAmazon.comなどのWebサーバがDDoS攻撃の的となり被害に遭いました。DDoS攻撃の防ぐためにはトロイの木馬に感染しないよう、ユーザのコンピュータでウィルスチェックをする注意する必要があります。

ボット

2004年以降、トロイの木馬に感染したコンピュータをコントロールして悪用することを目的とする**ボット**（Bot）というマルウェアが出現しました。ボットは「ロボット」（Robot）を略してこのように呼ばれます。ボットを組み込まれたコンピュータは、文字通り指令を受けて操られるロボットとして動作します。ソースコードが公開されているため、改変された亜種も多く、大量のメールを送信したり、情報を盗み出すスパイ活動を行ったりするものがあります。

複数のボットに感染したコンピュータ（**ゾンビパソコン**ともいいます）が同時に操られ、前述のDDoS攻撃に利用されるという被害もあります。これを**ボットネット**といいます。これまでに、数千台という大規模のボットネットが実際に発見されています。

ボットもマルウェアの一種ですので、通常のウィルス対策を怠らないようにし、加害者側のコンピュータとして悪用されないようにしましょう。

- トロイの木馬は、一般のソフトに見せかけ、悪意のある仕掛けが隠されているマルウェアである。
- トロイの木馬に感染すると、DDoS攻撃やボットネットに利用されることがある。

3.6 スパイウェア・アドウェア

　ユーザの個人情報を収集することを目的として、一般のソフトウェアと共に配布されるプログラムのことを**スパイウェア**（Spyware）といいます。情報を、気づかれずにネットワークを介してスパイウェアの作成元に送信することから、このように呼ばれています。

　ソフトウェアのインストールを行うときに、スパイウェアが同時に組み込まれることがあります。インストール時にライセンス等の確認事項などにまぎれて、利用に関する承諾画面が表示されるものもあります。承諾し、いったんソフトウェアが組み込まれると、スパイウェアはバックグラウンドで情報を盗み出します。しかし、ユーザがインストール時にその利用条件を承諾しているため、違法行為とはいえません。ほとんどのユーザは表示内容を確認せずにインストールを行うため、多くのユーザにスパイウェアが侵入しているといわれています。

　スパイウェアと似通った機能をもつものに**アドウェア**（Adware）があります。これはユーザの画面上に特定の宣伝広告を表示させるためのプログラムです。企業のマーケティング/宣伝活動に使われる点で、スパイウェアと区別されます。アドウェアは、Webのアクセス履歴やユーザのコンピュータに関する情報を記録し、送信します。収集した情報を元に、表示させる広告内容を設定する機能をもつものもあります。アドウェアもスパイウェアと同様に他のソフトウェアと共

に配布され、インストールされます。組み込まれたソフトウェアが起動している間、アドウェアも活動します。

- スパイウェアは、個人情報の収集を目的とするマルウェアである。
- スパイウェアやマルウェアは、ソフトウェアに紛れてインストールされる危険性がある。

3.7 ウィルスによる被害の現状

　有害プログラムによる被害は、IPA（情報処理推進機構）のような独立行政法人や、セキュリティソフトのメーカーなどが統計データをまとめています。
　この節では、IPAのまとめをもとに、被害の現状と事例を挙げていきます。

3.7.1 ウィルスの届出件数

　IPAのデータによる、1990年以降のウィルスの届出件数を図3.1に示します。2000年以降、インターネットで感染する種類で、非常に強力なウィルスが猛威をふるった結果、毎年10,000件以上もの届け出があります。
　2004年の52,151件を1日あたりの平均に直すと、約143件/日となり、毎日100件以上もの届け出があることがわかります。これは"W32/Netsky"というウィルスとその亜種による被害が大きな原因です。2004年以降も、このウィルスは検出され続けています。
　2005年には54,174件の届け出がありました。前年のW32/Netskyに加え、"W32/Mytob"というウィルスが増加したためです。
　2006年以降は、電子メールを大量に送信するタイプの「ばらまき型」ウィルスが少なくなったため、届出件数は徐々に減少しています。それに対して、特定の個人を狙った**スピア型攻撃**（**標的型攻撃**）による被害があります。スピア

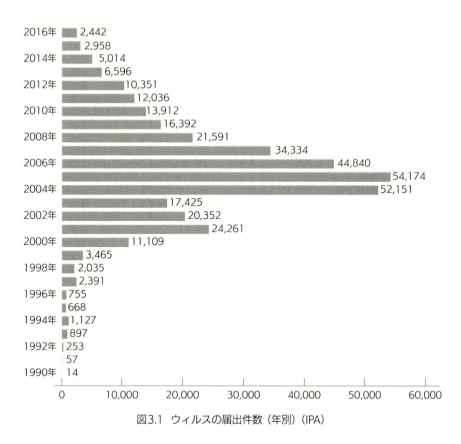

図3.1 ウィルスの届出件数（年別）（IPA）

(Spear) とは「槍」のことです。職場の上司や仲間のメールアドレスを不正入手して、なりすましメールを送信します。メールにはウィルスやキー・ロガー（4.2.1項参照）などのプログラムが添付されており、うっかり信用してファイルを開くと感染したり情報を盗まれたりします。スピア型攻撃には、なりすましメールにURLを記載して、クリックすると偽装サイトへ誘導するフィッシングタイプのものもあります。産業スパイなどが、このような手口を使うといわれています。

　2009年には「ガンブラー」（Gumblar）というウィルスが大きな被害をもたらしました。このウィルスはWebページを改ざんし、不正なコードを埋め込むことによって、閲覧者のパソコンを感染させます。Adobe ReaderやFlash Playerなど

サイト閲覧時に利用するソフトの脆弱性を悪用していますので、これらのソフトをアップデートしていないと、閲覧しただけで感染してしまいます。
　また、3.5節で触れたトロイの木馬のように、内部に組み込まれたウィルスなどを感染させてコンピュータを乗っ取るものもあります。遠隔操作で別の攻撃を仕掛けられたり、持ち主になりすました犯行予告をされたりなどの被害があり、2013年には「PC遠隔操作」事件が大きなニュースとなりました。
　ウィルスの届出件数は減少傾向ですが、上記のように感染させるための仕掛けが巧妙になっています。図3.1のデータはあくまで届出の件数ですので、実際にウィルスをセキュリティソフトなどで検出した数はさらに多いと考えられます。届出は一般法人からが大部分を占めています。その他の届出は、教育機関、個人のユーザとなります。

・・・

コラム：マルウェアの名称

　マルウェアの名称は、IPAやセキュリティソフトを開発するベンダーが付けています。一般的には以下のような形式です。

接頭語/固有名称.亜種番号
　例）　W32/Netsky（ネットスカイ）
　　　　VBS/LOVELETTER（ラブレター）
　　　　XM/Laroux（ラルー）

　接頭語はマルウェアの分類で、"W32"（Windows95以降のシステムに感染）、"VBS"（VBAスクリプトで記述）、"XM"（MS-Excelのマクロで感染）などがあります。亜種の番号は.A,B,C,…のように、アルファベットなどが使われます。

・・・

3.7.2 感染経路

▶ メールの添付ファイル

ウィルスの感染経路は、ネットワークを経由するものがほとんどです。電子メールから感染する場合の多くは、添付ファイルを開く（クリックして実行する）とウィルスプログラムが活動して感染します。覚えのないメールに添付されたファイルは開かずに削除しましょう。

ウィルスメールの添付ファイルはさまざまですが、ファイルの種類は、**拡張子がWindowsの実行形式である.exeや.com**のものがほとんどです。しかし、Windowsはデフォルトでファイルの拡張子が表示されない設定になっています。添付ファイルの安全性を見極めるためにも、拡張子が表示されるように設定しましょう。

例えば、Excel 2007ファイルの拡張子は"xlsx"です。「統計データ.xlsx」というファイルの場合、拡張子が表示されないと、単に「統計データ」とファイル名だけが表示されます。このファイルが実はウィルスで、「統計データ.exe」というファイルでも気が付きにくくなります（アイコンも偽装されている場合があります）。Windows 10の場合、拡張子を表示するには、エクスプローラを起動し［表示］タブの［ファイル名拡張子］の項目をチェックします（図3.2）。

また、メールソフトのプレビュー機能でメールを表示した途端に感染するもの

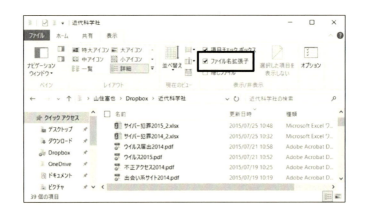

図3.2 拡張子の表示設定

もあります。それまで、差出人不明の電子メールは添付ファイルを開かなければ感染しないということが一般常識でしたが、この種類のウィルスが出現したことにより、メールソフト自体を変更するユーザも増えました。

▶ 偽のウィルス感染メッセージ

メールで「あなたのコンピュータでウィルスが検出されました。すぐに修正ファイルをダウンロードし、インストールしてください。」というような偽の警告メッセージを送信し、画面に書かれたURLをクリックすると感染するというウィルスもあります。しかし、通常利用しているウィルス対策ソフトを最新状態に保っておけば、コンピュータは安全なはずです。よって、このようなメッセージは相手にせず無視しましょう。

また、同じような警告メッセージがデスクトップに表示され、指示に従ってクリックするとウィルス対策ソフトを「**押し売り**」されるという被害もあります。この場合、押し売りメッセージを表示し、誘導するウィルスに感染している可能性が高いので、信頼できるウィルス対策ソフトでウィルスを駆除するか、「**システムの復元**」や「**初期化**」を行う必要があります。

▶ セキュリティホール

電子メール以外にOSやアプリケーションソフトの**セキュリティホール**（Security Hall）、つまりセキュリティ上の弱点から侵入されて感染するウィルスがあります。マイクロソフト社は、Windowsの脆弱性が見つかると最新の修正プログラムをダウンロードするよう呼びかけています。この修正プログラムがインストールされていない状態でコンピュータを使用すると、ネットワークに接続しただけで感染します。一度感染するとWindowsの**レジストリ**（Registry）というシステムの設定ファイルを書き換えられ、起動するたびにウィルスプログラムが実行されます。中には**バックドア**（Backdoor：裏口）を仕掛けられ、別の犯罪への踏み台として利用される場合もあります。

OS以外に、ブラウザのセキュリティホールを狙って感染するタイプのウィルスもあります。OS同様に、使用しているブラウザの脆弱性が見つかった場合、最新の修正ファイルをインストールする必要があります。以前、Windowsにあらかじめインストールされているブラウザ"Internet Explorer"の深刻な脆弱性

が見つかったことがあります。修正ファイルが配布されるまで、ある程度の時間を要するので、このような事態に備えて、普段から別のブラウザもインストールしておくと良いでしょう。

◖▶ USBメモリに感染するウィルス

　情報を持ち運ぶための小型メディアとして、**USBメモリ**がよく使われています。このメディアへの感染を狙ったウィルスが、2008年に出現しました。

　USBメモリなどの**リムーバブルメディア**（Removable Media）は、「自動実行」機能を設定されている場合があります。この機能が悪用されると、接続した途端に不正ファイルが生成されてウィルスに感染します。感染したUSBメモリを接続されたコンピュータが感染し、そこへ別のUSBメモリを接続すると、さらに感染が拡大します。感染したコンピュータには、気づかぬうちにWebサイトから不正なプログラムをダウンロードするものもあります。

　感染を防ぐには、USBメモリを接続したときの自動実行の設定を、コントロールパネルで停止しておきます。図3.3は、Windows 10の［設定］アプリ-［デバイス］-［自動再生］の画面です。自動再生の項目で［すべてのメディアとデバイスで自動再生を使う］の項目を「オフ」にします。または、［自動再生の既定の選択］を［毎回動作を確認する］に設定します（リムーバブルドライブ、メモリカードともに）。

図3.3　メディア接続時の自動再生の設定

▶ 暴露型ウィルス

　ファイル共有ソフトとして知られるWinnyに感染する"Anntinny"というウィルスがあります。感染するとユーザが意図していないファイルまで共有され、公開されてしまうため**暴露型ウィルス**といわれます。ウィルス対策が不十分なコンピュータで、個人情報の流出に発展し、大きな被害が出ています。

　暴露型ウィルスもウィルス対策ソフトで感染を防ぐことができますが、そもそもWinnyを職場のコンピュータでインストールして危険にさらすこと自体が問題です。また、職場から持ち帰ったデータをWinnyがインストールされた私物のコンピュータで処理するのも危険です。

　ファイル共有にはいつも情報流出の危険がありますので、少なくともWinnyをインストールしたコンピュータで個人情報を扱うのは避けましょう。

3.7.3　携帯端末に感染するウィルス

　携帯端末もコンピュータと同様に、電子メールの送受信やブラウジングが可能です。また、コンピュータでのWindowsやUNIXなどにあたるOSも、さまざまなタイプのものが搭載されています。

　これまでの不具合には、受信すると電卓機能を何度も繰り返して使わせ、停止したかに見せる「フリーズメール」や、特定の番号に電話をかけさせる「強制発信メール」などがあり、いったんバッテリーをはずしたり、受信を拒否したりすることで被害を食い止めることができました。これらはいたずらや嫌がらせを目的としたメールで、比較的単純なものでした。

▶ 携帯電話に感染するウィルス

　2004年に、世界で初めて携帯電話に感染するウィルス（ワーム）"Cabir"が出現し、ロシアのセキュリティ関連企業により報告されました。このウィルスはSymbianというOSを搭載している携帯電話に感染します。感染すると"Caribe"というメッセージを表示し、電話が起動されるたびにウィルスが呼び出されます。また、接続可能なデバイスを探し、自分のコピーを送信します。発病して具体的な被害が出るタイプではありませんが、日本にも"Vodafone 702NK"という機種にこのウィルスの感染が広がり、バッテリーが早くなくなるなどの報告も

ありました。

▶ スマートフォンの不正アプリ

スマートフォンのOSは、パソコンに搭載されているものと変わりありません。例えば、iPhoneのOSはOS XというMacintoshにインストールされているものと同じです。つまり、パソコン同様にウィルスには気をつける必要があります。

例えば、通常のアプリに見せかけて、個人情報を盗む不正アプリがあります。また、本物そっくりに作られた偽アプリもあります。これも、個人情報の抜き取りが目的です。

今後はさらに高度な種類のウィルスが出現し、大規模な被害が出る可能性があるため、携帯端末のセキュリティ対策が必要になります。

- ウィルスの届出件数・感染率は、セキュリティソフトにより減少傾向にある。
- セキュリティホールをついた攻撃や、USBメモリを介して感染するウィルスへの対策が必要である。
- 偽の警告メールを信用しない。
- ファイル共有ソフトに感染する暴露型ウィルスに感染すると個人情報が漏洩する。
- 携帯端末の不正アプリ、偽アプリに注意する。

3.8 ウィルス対策

有害なプログラムの報告件数は増加傾向にあり、種類も多様化してきました。しかし、コンピュータも携帯端末も欠かせない存在となった現在、被害を食い止めるための対策を講じながら利用することにより、安全に情報を活用できるはずです。対策には、各ユーザが個人のコンピュータで行うべきことと、学校や企業という組織全体で行うべきことがあります。

3.8.1 個人ユーザとしての対策

　個人のコンピュータにおける管理者は、所有者自身です。「自分のコンピュータに限って」というような危機感のなさから注意を怠り、ウィルスなど悪意のあるプログラムに感染することがあります。また、それがさらなる被害拡大の原因となりますので、ネットワーク社会における責任として、ウィルス対策は必要不可欠です。
　ウィルスの感染経路は大きく分けて以下の2通りです。

ウィルスの感染経路
・メールの添付ファイルをむやみに開いて実行してしまう。
・OSやブラウザなどのセキュリティホールから侵入される。

▶ ウィルス対策ソフトの導入

　コンピュータをインターネットに接続する前に、まず**ウィルス対策ソフト**をインストールしましょう。接続しただけで感染するタイプのウィルスがありますので、接続する前にインストールして感染を予防します。メールの添付ファイルやダウンロードを含む外部から持ち込んだファイルについては、実行したり開いたりする前に必ずウィルスチェックをしましょう。
　このようなセキュリティソフトは、外部からのファイルや電子メールについて**自動スキャン**を行い、ウィルスなどの危険を検出すると削除します。また、内部の情報を持ち出そうとする不正な通信も検知して、通信を遮断します。

▶ ウィルス対策ソフトの更新

　ウィルス対策ソフトは製造元が提供する**パターンファイル**（Pattern File）と呼ばれるファイルと比較することでウィルスを検出しています。パターンファイルはウィルスの特徴を記録したもので、**ウィルス定義ファイル**（Virus Definition File）とも呼ばれます。しかし、ウィルスは日々新しいタイプのものや亜種が出現していますので、パターンファイルを常に最新のものに更新しておく必要があります。コンピュータを起動したときに、まずパターンファイルを最新版に**アップデート**（Update）してから作業に移ってください。多くのソフトでは、アップ

デート作業は自動的に行うように設定できます。すでに侵入しているウィルスを検出するため、ハードディスク全体をスキャンする機能もありますので、定期的にチェックをしましょう。

　最近は、スパイウェアやアドウェアといったソフトが、フリーウェアの中に組み込まれていることも考えられます。これらは、ウィルスのスキャンだけでは検出できない場合がありますので、怪しいと思われるソフトはダウンロードしても開かないようにしましょう。

▶ OSやブラウザなどの更新

　WindowsやInternet Explorerといったソフトは、それ自身のセキュリティホールが見つかることがあります。このような脆弱性があると、メールの添付ファイルなどを開かなくても、ウィルスの侵入を許すケースがあります。よって、ソフトウェアのWebサイトで提供されている修正ファイルをダウンロードしてアップデートしましょう。普段からこのような情報に気をつけておくことと、できるだけ修正が必要となった場合に自動更新できる設定にしておきましょう。

　Windows 10では、［設定］アプリ-［更新とセキュリティ］-［Windows Update］を選択すると、利用可能な更新プログラムが表示されます。Windows 10ではアップデート作業は自動的に行われますが、再起動が必要な場合もありますので、画面の指示に従ってください（図3.4）。

図3.4　Windows Updateの画面

3.8.2 組織としての対策

　学校や企業といった組織でネットワークに接続されたコンピュータを扱う場合、複数の人が同じコンピュータを利用したり、共通領域にあるファイルを共同で使用したりすることがあります。いったんウィルスが広がると、甚大な被害になることはいうまでもありません。

　対策としては、まず前節で取り上げたウィルスのチェックやソフトウェアのアップデートをすべてのコンピュータに行うことが必要です。もし感染が見つかった場合、少しでも被害を食い止めるために、組織内の管理体制を整えておきましょう。

▶ ネットワーク全体に対するウィルスチェック

　LANと外部の接続を行うところで、送受信されるデータの**スキャン**を行い、ウィルスが侵入するのを未然に防ぎましょう。また、内部へのアタックを検知して遮断するためのファイアウォールも有効手段です。

▶ サポートが終了したOSの使用制限

　WindowsXPは2014年4月にサポートを終了しました。このようなOSを搭載したコンピュータをネットワークに接続すると、脆弱性を突かれる可能性があり危険です。学校や職場で、サポートが終了したOSやソフトウェアは使わないようにしましょう。どうしても使用しなければならない場合は、ネットワークから切り離して使いましょう。

▶ メディアやノートパソコンの持ち出し

　USBメモリで自宅のデータを持ち込んだり、ノートパソコンを持ち出したりした結果、ウィルスに感染するケースがあります。組織内だけでなく、自宅のコンピュータやメディアがウィルスに感染していないことを確認してから、データをやり取りしましょう。ウィルスが蔓延するケースの1つとして、自宅のパソコンが感染源となる場合があります。アドレス帳のメールアドレスに大量のメールが送信され、会社や学校関係に広がってしまうと、組織は大きな被害を被りますし、原因を究明し沈静化するのに時間がかかります。

このような事態を未然に防ぐため、**セキュリティポリシー**（Security Policy）を組織で策定し、全員の理解を深める必要があります。

▶ 感染した際の対策

もしウィルスに感染してしまった場合、第一に感染が広がるのを最小限に食い止め、できるだけスムーズに復旧できるようにします。

感染した場合の対処は、以下のような手順で行います。

感染対処手順
① 感染したコンピュータをネットワークから切り離す。
② 被害状況を確認する。
③ ウィルスを駆除する。
④ IPA等の機関に連絡する。

- インターネットに接続する前に、ウィルス対策ソフトをインストールする。
- ウィルス対策ソフトのパターンファイルは最新に保つ。
- OSやブラウザは修正ファイルをアップデートする。

第3章のまとめ

この章では以下のことを学習しました。

・有害プログラムの分類や感染経路
・ウィルス被害の傾向
・システムとウィルス対策ソフトの更新
・感染してしまったときの対処と届出窓口

章末問題

問題3.1 コンピュータウィルスの感染先について分類し、それぞれの特徴を示すとともに、具体的なウィルス事例を調べなさい。

問題3.2 今年度になってから届出のあったウィルスについて、感染経路や発病したときの症状などを調べなさい。

問題3.3 スピア型攻撃（標的型攻撃）について、その手口を説明しなさい。また、具体的な被害の事例を調べなさい。

問題3.4 ガンブラーとはどのようなウィルスか説明しなさい。また、被害について具体的な事例を挙げなさい。

問題3.5 ウィルスに感染してパソコンを乗っ取られるとどのような犯罪に使われるか。具体的な事例を挙げて説明しなさい。

問題3.6 USBメモリに感染するウィルスの対策について調べなさい。

問題3.7 ボットネットとは何か。また、どのような被害をもたらすものか調べなさい。

問題3.8 スマートフォンの不正アプリ、偽アプリについて具体例を挙げて説明しなさい。

問題3.9 購入したばかりのコンピュータをインターネットに接続する際の正しい手順を示し、その理由をまとめなさい。

問題3.10 組織内のネットワークでウィルスの感染が見つかった場合、復旧するための手順を示しなさい。

問題3.11 ランサムウェア、ワンクリウェアとはどのようなものか説明しなさい。

第4章 情報セキュリティ

　コンピュータウィルス、個人情報の漏洩、なりすましなど、ネットワークにはさまざまな危険が潜んでいます。インターネットは不特定多数の人が利用しているため、悪意のある人が悪意のない人の環境を破壊したり、情報を盗んだりすることがあります。ネットワークを安全に活用するためには、それらの危険性を理解し、それぞれに適切な対処が必要です。情報セキュリティはこのような危険性から被害を防止するための対策です。

　この章では、情報セキュリティについて、概念と具体的な方法について学習します。

この章のポイント

・パスワード管理の注意
・ユーザ認証
・不正アクセス対策
・データのバックアップ
・暗号技術
・ワイヤレスLANの設置

4.1 情報セキュリティとは

日常の中で、自宅に見知らぬ人が突然上がり込んできたり、金品を盗まれたりするとしたら、心配で生活できません。このような状況を作らないために、生活の安全性を確保することを**セキュリティ**（Security）といいます。

これに対して**情報セキュリティ**（Information Security）とは、コンピュータやネットワークにおける安全性や信頼性を確保することです。不正なアクセスでコンピュータに侵入されたり、通信を**盗聴**（Sniffering）されたり、電子メールの内容を**改ざん**（Falsification）されたりと、さまざまな**脅威**（Threat）があります。情報セキュリティはこのような事態の防止が第1の目的です。また、第2の目的は、もしもコンピュータが脅威にさらされ被害が生じた場合に、できるだけ早く事態を収拾し、システムを回復させることです。

4.1.1 情報セキュリティに求められるもの

▶ 情報の機密性

正規ユーザ以外の人がコンピュータにログインしたり、データにアクセスしたりすることを防ぐ必要があります。そのために、まずユーザを確実に認証するための**アカウント**（ユーザIDとパスワード）を設定し、管理します。

また、正規ユーザであっても、条件によってアクセス可能なデータと、そうでないデータを区別する必要があります。そこで、**アクセス権**（Access Right）の設定を行い、ネットワークやシステムの管理者と一般ユーザの権限を明確化しておきます。

▶ 情報の保存および伝達の安全性

機密性とともに重要なのが、保存した情報の安全性です。もし不正アクセスされても、データを第三者に改ざんされたり、破壊や消去されたりしてしまわないようにブロックする必要があります。また、通信の過程においても同様の脅威に対する防止策が必要です。

4.1.2 セキュリティの運用について

▶ 技術的な対策

　ネットワーク全体や個々のコンピュータについて、ウィルスチェックを行ったり、ファイアウォールを設置したりするなど、外部からの有害プログラムや不正侵入を防ぐシステムを確立します。

▶ 運用の管理

　セキュリティはユーザ全員が重要性を理解して、運用規則を守る必要があります。誰か1人が注意を怠ると、外部の不正な侵入を許し、結果としてネットワーク全体を脅威にさらすことになります。よって、利用前にその団体に合わせて作成したセキュリティポリシーを確立し、使用者の立場に合った教育を行う必要があります。

- 脅威に対する情報の機密性と安全性を確保するため、技術的対策を講じておく。
- 被害が出た場合に事態を収拾し、システムを回復するための運用を管理する。

 # 4.2　ユーザ認証

　顔の確認ができないネットワークでは、正規のユーザか、もしくは一般のユーザか管理者かなどを、システムとして正確に見分ける必要があります。これを**ユーザ認証**といいます。つまり、ユーザ認証とはコンピュータシステムで行う本人確認です。

　現在、使用されているユーザ認証の方法は以下の3つに大別されます。

ユーザ認証の方法
・ユーザIDとパスワード
・カード等の所持品
・生体認証

　ユーザIDとパスワードは、主にコンピュータやネットワークシステムへのログイン時に利用される、最も一般的な認証の仕組みです。しかし、パスワードは単なる文字列のため盗まれやすいことから、最近では「ピクチャパスワード」を使うシステムもあります。この方式は、写真やイラストなどの画像をログイン画面に表示して、ユーザが登録した場所をマウスでなぞったりクリックしたりすることで認証します。

　カード等の所持品による認証は、機密性を保持する必要のあるコンピュータ室などの入退室管理に使われています。

　生体認証は**バイオメトリックス認証**とも呼ばれます。人体の一部を照合することで本人確認を行いますが、まだ普及の途上にあります。

　それぞれの特徴を表4.1にまとめます。

表4.1　認証方式と特徴

認証方式	利点	欠点
ID・パスワード	発行や認証の仕組みが簡単	パスワードの漏洩
カード等の所持品	操作がやさしい	紛失、盗難、偽造
生体認証	偽造されにくい	システムが高価

パスワード管理

　最も一般化しているユーザIDとパスワードによる認証は、一番簡単な仕組みでもあります。簡単かつ単純な認証方法ですので、ユーザ自身の管理に対する意識が非常に重要です。うっかりすると、パスワードを巧妙に聞き出されたり、盗み見されたりする危険があります。

◖▸ パスワードに対する推定攻撃

パスワードや暗証番号を盗み出そうとする手口はさまざまです。ログイン時にパスワードを試行しながら破る方法として、以下の2つがよく知られています。

パスワードに対する推定攻撃の方法
・総当たり攻撃
　　1つずつ文字列の組合せを変えながら試行を繰り返します。最も単純で時間のかかる攻撃方法ですが、短いパスワードであれば破ることが可能です。**ブルートフォース（Brute Force）攻撃**とも呼ばれます。
・辞書攻撃
　　辞書にある単語やその組み合わせを使って試行を繰り返します。忘れにくい（思い出しやすい）パスワードを利用したいというユーザが多いことから、このような方法で推定されるケースがあります。

よって、短い単純な文字列や、辞書単語をそのままパスワードとして使用するのは避けるべきです。

◖▸ ソーシャル・エンジニアリング

人間の心理的な盲点を突いてパスワードなど重要な情報を聞き出したり盗み出したりすることを**ソーシャル・エンジニアリング**といいます。もともとは「社会工学」という意味ですが、ネットワーク社会においては、「不正な情報収集の手段」という意味で使われています。

信用できそうな電話やメールに引っかかり、重要な情報を教えてしまう事例がいくつもあり、また、本名を出さなくても本人と特定できてしまう情報を伝えてしまうことがあります。ソーシャル・エンジニアリングにはさまざまな手口がありますが、そのうちのいくつかを紹介します。

◉ のぞき見

ログインする時にディスプレイやキーボードをのぞき込んで、ユーザIDとパスワードを盗む方法です。**ショルダー・ハッキング（Shoulder Hacking：肩越しの盗み見）**ともいわれます。

これは最も単純な手段ですが、ユーザIDはディスプレイに表示されますし、パスワードはキー入力の動きから推定可能で、特にタイピングが遅い初心者は指の動きで覚えられてしまいます。銀行のATMでも同様の被害が出ています。さらにパスワードを書いたメモや携帯端末のメモリに記憶したものを見ながらログインすると、メモの方を盗み見られやすく危険です。よって、パスワードはメモなどに頼らずに素早くタイピングしましょう。また、周囲にタイピングやディスプレイを見ようとしている人がいないか注意してください。

普段からのマナーとして、他人のログイン時にはディスプレイやキーボードを見ないよう心がけましょう。セキュリティに対する意識の低い人の中には、IDとパスワードを書いたふせん紙をディスプレイに貼り付けている人がいます。これは、のぞき見以前に犯罪者にわざわざ情報を与えているようなものですので、見つけた場合は注意しましょう。

◉ログイン後の放置

複数の人が利用するパソコンにログインし、そのまま席を離れるのは危険です。知らないうちに、ファイルをコピーされたり、メールを盗み見されたりする可能性があります。席を離れて、パソコンに自分の目が届かなくなる場合は、少なくともログアウトするか、できれば電源を切りましょう。

◉キー・ロガー

キー・ロガー（Key Logger）とは、もともとキー・ストロークを記録し、外部へ送信するプログラムです。これをインターネット・カフェなどに仕掛けられると、入力したキー・ストロークからパスワードを盗まれる危険性があります。よって、共用のパソコンではパスワードなどの大切な情報をむやみに入力しない方が賢明です。

◉トラッシング

トラッシング（Trashing）とは、「ゴミあさり」のことです。ごみ箱やごみ集積所で回収業者を装い、機密情報や個人情報を集めます。

ゴミ箱の中に捨てたものに対して、我々はほとんど意識をもちません。し

かし、重要な情報が記載された書類や、データが残されたメディアなど、正しく処理されずに捨てられるものは多くあります。

　ゴミをあさった結果、次のような情報が漏れ、悪用されることがあります。

トラッシングで漏洩・盗難する情報
・IDやパスワードを書いたメモ
・領収書、予算書など金融取引に関する情報
・社員や学生などの名簿（個人情報）
・組織の機密情報や会議の議事録

　IDやパスワードはいうまでもありませんが、その他の情報が漏れても非常に危険です。
　また、CDやDVD、パソコンのハードディスク等も記憶内容をそのまま残して廃棄すると、トラッシングにより重要なデータを盗まれるかもしれません。よって、ペーパー類はシュレッダーにかけて処理し、メディア類は物理フォーマットしたり、カッターナイフで傷を付けたりして読み取り不能な処置をしましょう。最近は、CDやDVDも処理できるシュレッダーを置く企業も増えています。ハードディスクに関してはファイル消去ソフトを使って、完全にファイルの痕跡を消してから処分しましょう。

◉なりすまし

　トラッシングの説明でも少し触れましたが、関係者を装って情報を聞き出す手段はよく使われます。システム管理者になりすまして巧妙にIDやパスワードを聞き出そうとするメールも、以前からソーシャル・エンジニアリングでよくあるケースです。「ネットワークが接続不良で修復が必要である」とか、「ウィルスに感染している」といった緊急性の高そうなメールを仕立てたり、組織内の情報をあらかじめ調べて巧みに関係者のふりをしたりして、相手を信用させるためにいろいろな手口を講じてきます。
　なりすましのメールに引っかからないようにするために、「いかなる場合でもユーザIDやパスワードをメールで送信しない」ということを普段から

徹底します。企業や学校のシステム管理者のみならず、自分がユーザ登録しているWebサイトやネット販売サイトなどにおいても同様です。

 カードによる認証

　カードによる認証は、ユーザの所持品で認証を行う方式として最も一般的です。しかし、磁気カードのように偽造がやさしいものもあります。実際にスキミングといわれるカード情報を読み取る犯罪が多発しました。テレフォンカードやハイウェイカード（現在廃止）などでも被害が多く出ています。

　そこで、プラスチックのカードにICチップを埋め込んだ**ICカード**が開発されました。磁気カードより読み取りや偽造が難しいため、現在、主流となりつつあります。ICカードは銀行のキャッシュコーナーなどでも早くから取り入れられていますが、単独で認証するのでなく、パスワード（数桁の暗証番号）と組み合わせて使われます。もし、盗難にあった場合も、暗証番号がわからなければ認証できません。暗証番号は数桁の数字ですと総当たりで破られそうですが、何回か続けて正しいパスワードが入力されない場合、ICカード自体を無効化する仕組がをとられています。

 生体認証

　ユーザ本人の身体の一部（生体情報）を認証に使う方法で、**バイオメトリックス認証**（Biometrics Authentication）ともいいます。認証システム装置自体が高額になるため、アカウント方式やICカードほど普及していません。しかし、生体情報は不正コピーされる可能性が低く、より確実な認証方法ですので、今後も開発が進められるでしょう。現在、すでに一般化しつつある方法をいくつか列挙します。

▶ 指紋

　最も普及している生体認証の方法です。ログイン時に指紋認証を行うパソコンも市販されており、電源を入れても本人が指先で認証しなければ起動できません。パソコン自体の盗難事件が多発していますので、低価格化が進めば、今後よ

り一般化するでしょう。

▶ 虹彩

目の中に入ってくる光の量を調整する膜のことを虹彩（Iris：アイリス）といいます。虹彩のパターンは生後2年ほどで一定し、以後はほとんど変化しません。
　このパターンによって本人を認証するため、近赤外線カメラで虹彩の部分を検出して、登録されているユーザのパターンと比較します。装置が高価なため、一般向けではありません。

▶ 顔

顔の特徴である輪郭、目、鼻、口、耳などの位置からユーザを認証します。カメラの他に特別な機器を必要としませんが、眼鏡の有無や頭髪の変化などに影響されることがあります。

▶ 声紋

人の声は、息が声帯を振動させ、のどや口・鼻を通ることにより発します。同じ言葉を発声しても、周波数分布を解析すると1人1人別の画像が得られ、これを声紋といいます。声紋による認証は、マイクに向かって特定の言葉や文章を話し、本人のデータと照合する方法です。のどの具合や体調によって声紋が変化すると、認証が難しいことがあります。

▶ 静脈

指や手のひらを流れる静脈のパターンによって認証する方法です。静脈は複雑なパターンで、かつ体内器官の情報であるため、他の生体認証より偽造が難しい認証方式です。静脈のパターンを読みとるには特別なセンサが必要ですので、システムは高価になります。

▶ 筆跡

筆跡にはその人独特のくせが現れます。あらかじめ登録した文字をペンタブレットで入力し、文字の位置や筆圧の変化などからユーザを認証します。装置のペンタブレットは安価ですので、今後一般化が進むかも知れません。ただし、筆

跡は身体の一部ではありませんので、厳密には生体認証に含まれません。

・パスワードは、ソーシャル・エンジニアリングに注意し、自己責任で厳重管理する。
・共用パソコンを利用する場合は、のぞき見やキー・ロガーに用心する。
・重要な情報を扱う場合はICカードや生体認証で本人確認を行う。

4.3 ファイアウォール

　ファイアウォール（Firewall）とは、直訳すると「防火壁」のことです。インターネットに接続したコンピュータを外敵から守る壁ということで、このように呼ばれます。ファイアウォールは、主に表4.2のような機能をもちます。
　ファイアウォールには保護するネットワークの規模によってさまざまな種類が存在します。また、独立したハードウェアとして設置するものと、個々のコンピュータにソフトウェアで組み込むタイプがあります。

表4.2　ファイアウォールの主な機能

主な機能	概要
アクセス制限	インターネットからの接続を制限する。
アドレス変換	プライベートアドレスをグローバルアドレスに変換する。
ユーザ認証	接続できるユーザであるか認証する。
ログ収集/解析	ファイアウォールを通過したパケットをすべて記録する。
フィルタリング	通過できないデータを判別し遮断する。

4.3.1 フィルタリング

ファイアウォールの機能は、ある場所で送受信されるパケットの**フィルタリング**（Filtering）を行うものです。フィルタリングとは、設定したルールに基づいて、「通過させるパケット」と「遮断するパケット」を選別することです。

フィルタリングには以下のような手法があります。

▶ 静的フィルタリング

最も単純なフィルタリングで、あらかじめ設定したIPアドレスやポート番号をもつパケットのみ通過を許可します。設定内容は**フィルタリング・テーブル**というリストで保管され、このリストをもとにパケットの照合を行い、通過させるか遮断するかを判断します。

▶ 動的フィルタリング

LANの内部から送信されたパケットを、フィルタリング・テーブルに新しく追記します。LANの外部から追記されたリストの応答パケットが送られてくると、リストと照合して通過させます。通信が終わると、リストから削除します。静的フィルタリングと比べて、リストが動的に変更される機能が加わっています。

▶ 高度なフィルタリング

静的・動的フィルタリングでは、IPアドレスやポート番号などを偽装した不正なパケットまでは検出できません。そこで、さらに高度なフィルタリング機能が必要となってきました。

ステートフル・インスペクション（SPI：Stateful Packet Inspection）は、パケットの通信状態まで検査するフィルタリングの手法で、矛盾を見つけると遮断する機能をもちます。さらに、送信されてくるデータにウィルスやワームが含まれていないかチェックすることにより、セキュリティ強度を増すことができます。

ファイアウォールの種類

▶ ゲートウェイ型ファイアウォール

　企業や学内のLANとインターネットの間に設置する機器を、**ゲートウェイ型ファイアウォール**といいます。ゲートウェイ型は各組織内において、セキュリティのレベルに応じてLANの内部にも設置されます。

　保護するLANの規模に応じて、表4.3のように性能や値段の異なるゲートウェイ型ファイアウォールがあります。

▶ パーソナル型ファイアウォール

　現在、各運用団体のほとんどが、ファイアウォールやウィルスチェックサービスを行っていますが、自分のコンピュータに関するセキュリティも重要です。**パーソナル型ファイアウォール**は、個々のコンピュータ（PCやサーバ）を危険から守るために組み込まれたソフトウェアのことです。

　WindowsなどのOSに初めから組み込まれているものと、OSとは別に市販されている専用ソフトウェアがあります。OS単体にも静的フィルタリングの機能はありますが、Windows 10の場合は付属のファイアウォールで動的フィルタリングの設定が可能です。

　また、市販の専用ソフトにはステートフル・インスペクションやデータ内部のチェック機能をもつものもあります。ゲートウェイ型ファイアウォールとパーソナル型ファイアウォールを併用することにより、より高度なセキュリティが可能になります。

　例として、Windows 10の設定を見てみましょう。［コントロールパネル］-［システムとセキュリティ］-［Windowsファイアウォール］を選択します。ファイアウォールが有効に設定されていますので、外部からの侵入（着信接続）をブロックします。図4.1の画面で、［Windowsファイアウォールの有効化または無効化］を選択します。次に図4.2の［設定のカスタマイズ］ウィンドウでファイアウォールを［ファイアウォールを無効にする］に設定し、［OK］をクリックしてください。すると、図4.3のように、「Windowsファイアウォールではコンピュータを保護するための推奨設定が使用されていません」と表示されます。ソフトのインストールなど、一時的にファイアウォールの設定を無効化しなければならな

表4.3 ゲートウェイ型ファイアウォール

ゲートウェイ型ファイアウォール	機能
ルータ	静的フィルタリング
ブロードバンド・ルータ	動的フィルタリング（ステートフル・インスペクション）
小規模LAN向けファイアウォール	ステートフル・インスペクション（データ内部のチェック）
大規模LAN向けファイアウォール	ステートフル・インスペクション（データ内部のチェック）

図4.1 ［Windowsファイアウォール］ウィンドウ

図4.2 ［設定のカスタマイズ］ウィンドウ

図4.3 ［Windowsファイアウォール］ウィンドウ（ファイアウォールの無効化）

いこともありますが、作業が終了したら、直ちに有効化して侵入をブロックしましょう。

 公開サーバの設置

ファイアウォールによって外部（インターネット）からも内部（組織内ネットワーク）からも隔離された区域をDMZ（DeMilitarized Zone）といいます（図4.4）。日本語では「非武装地帯」や「非武装ゾーン」と訳されます。

DMZはインターネットで公開するサーバ（WWWサーバ、FTPサーバ等）の

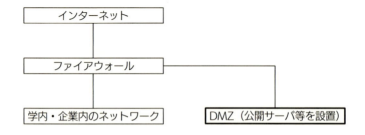

図4.4 DMZ

設置場所として用いられます。外部からの不正アクセスを防ぐとともに、もしサーバを乗っ取られた場合でも組織内ネットワークをファイアウォールで遮断できるからです。

・ファイアウォールは、フィルタリング機能で不正なデータを遮断する。
・公開サーバはDMZに設置し、不正アクセスから防御する。

4.4 バックアップとファイルの管理

ネットワークにはさまざまな脅威が存在します。ウィルスによるデータ破壊、消去やシステム障害はその一例です。

そのようなトラブルに対する備えが**バックアップ**（Backup）です。ハードディスクのデータやシステム自体を、別のメディアにそのまま**複製**を作っておくことにより、ダメージを最小限にとどめ、復旧を早く行うことができます。

4.4.1 パーソナル機のバックアップ

通常の作業でハードディスクに保存したデータをバックアップするには、CD-R（CD-RW）やDVD-R（DVD-RW）などの大容量メディアを準備して、複製を作ります。最近は大容量のポータブルなハードディスクも市販されていますので、週に1度、もしくは月に1度など頻度を決めてバックアップすると良いでしょう。

また、パソコンのシステムが不安定になった場合に備えて、データだけでなくシステム自体のバックアップもしておきましょう。Windows 10の場合、まず、［コントロールパネル］-［システムとセキュリティ］-［バックアップと復元］を選択します（図4.5）。ここで、左下の［システムイメージの作成］をクリックします。

図4.5 ［バックアップと復元］ウィンドウ

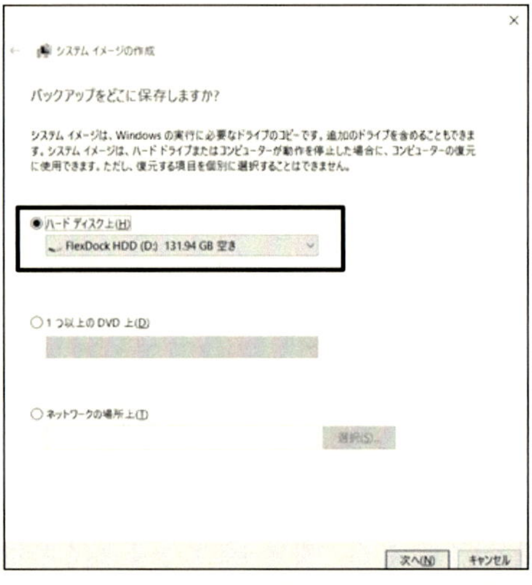

図4.6 ［システムイメージの作成］ウィンドウ（保存先の選択）

　図4.6の［システムイメージの作成］ウィンドウが表示されますので、保存先を選択して［次へ］をクリックします。この例では、外付けハードディスクを接続して、保存先としています。
　すると、図4.7のようにバックアップが始まります。容量やシステムの性能などによって所要時間が異なります。

図4.7 ［システムイメージの作成］ウィンドウ（バックアップドライブの保存）

サーバ機のバックアップ

　サーバ機やデータベースのような大容量機のバックアップの場合は、DAT、DVD-R、磁気テープなどに複製を作ります。

　また、ハードディスクを二重化して、同じ内容のディスクを2つ保持する方法があります。これを**ミラーリング**（Mirroring）といい、その構成規格を**RAID**（Redundant Array of Inexpensive Disks）といいます。二重化されたハードディスクにはデータの書き込みが同時に行われますので、一方が故障しても、他方が使用できます。しかし、ハードディスクのコントローラや**チャネル**（Channnel：データ転送を行う通信路）は共通のため、これらに障害が生じると使用できなくなります。最近では、Webサーバそのものを複製した**ミラーサーバ**（Millor Server）を利用することがあります。

通常のファイル管理

　デスクトップ上にフォルダやショートカットがたくさん散らばり、ユーザ本人もどこに何があるのかわかりにくくなっている場合があります。通常のファイル管理ができていないと、データが散逸したり、消去したはずのファイルが残っていたりします。これでは機密性の高い情報を安心して保管できません。

　しかし、ファイルの管理が苦手であったり、面倒で放置していたりする人は意外に多いのではないでしょうか。アプリケーションの使い方は知っているけれ

ど、自分でエクスプローラを使ってファイルを整理できないユーザをよく見かけます。また、デスクトップ上には使わないアイコンや、自分自身も中身がわからないファイルでいっぱいになっていたりします。

　ファイル管理をするためには少なくとも次のことが確実に操作できるようにしておきましょう。

ファイル管理のために必要な操作
・ファイルをコピー、移動、消去する。
・フォルダを作成し、ファイルをまとめる。
・外部メディアとデータをやり取りする。
・フォルダをカテゴリ別に分類する。また、階層化する。
・ファイル名を適切な名称に変更する。

　フォルダのカテゴリ別分類に関しては、まず項目をいくつか決めて新しくフォルダを作ってみましょう。そこへ、関連性の高いファイルを移動することにより、徐々に自分のパソコンに適した分類が見えてきます。
　ファイル名は中身を表すような適切な名称を付けましょう。また、整理できたら必要のないファイルは削除しましょう。

・ディスクの損傷やデータ消失に備えて、バックアップを日常化する。
・サーバ機のバックアップにはRAIDを利用する。
・ファイル操作を身に付け、個人のパソコンでもファイルを整理整頓する。

4.5　暗号と電子署名

　ファイルのバックアップやパスワード管理など、日常的な危機管理の取り組みによって、犯罪の防止がかなり望めます。しかし、中には通信の「盗聴」やデー

タの「改ざん」といった高度な技術による犯罪もあります。

　この節では、それらの犯罪に対する防御として使われる「暗号」と「認証」について触れていきます。

 ## 暗号通信

　電子メールやブラウジングのときにネットワークを流れるデータは、パケットという単位で扱われ、そこにはデータや**ヘッダ**（Header：送信者、受信者のIPアドレス等）が含まれています。このパケットは、悪意のあるユーザにとって盗聴のねらい目となります。実際にネットワーク上のパケットを受信できるパケットキャプチャソフトもあります。

　よく、電子メールは郵便物のハガキにたとえられます。つまり、肝心な文書はむき出しで、読もうと思えば読めるということです。それを封印して第三者から守るのが**暗号**（Cryptography）というシステムです。暗号通信は現在のネットワーク社会で欠かすことができない仕組みとなり、さまざまなところに組み込まれています。

　もともと送信しようとしているデータを**平文**（Plain Text）といい、それをある規則により第三者から隠蔽したデータを**暗号文**（Cipher Text）といいます。送信者は平文を暗号に変換してネットワーク上に送り出します。この変換のことを**暗号化**（Encription）といい、受信者が暗号文を受け取ってもとの平文に戻すことを**復号**（Decription）といいます。また、**鍵**（Key）とは暗号化や復号を行うためのデータのことです。この鍵をもっている人同士だけが、暗号でやり取りできるわけです（図4.8）。

　暗号化しないで平文を送信してしまうと、攻撃者にパケットを盗聴される可能性があります。また、暗号化したデータも鍵を盗まれたり、推測されて**解読**されることがあります。

　暗号化や復号を行うために使われる仕組みはさまざまなものが研究されていますが、インターネットで多くのユーザが利用可能なシステムでなければなりません。よって、ネットワーク上で用いられる暗号には以下のような条件が必要です。

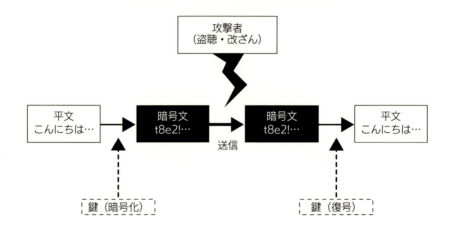

図4.8 暗号通信

暗号の条件
・暗号の仕組みを複数のユーザで共有できる。
・仕組みを知っていても、鍵がなければ解読が困難である。
・鍵を安全に配送することができる。

 暗号の仕組み

暗号は2つの基本的な仕組みからなります。

▶ 換字

　換字とは、ある規則に基づいて文字を別の文字に変換することをいいます。変換には変換テーブルを用いる方法と、ビット演算による方法があります。
　変換テーブルとは、平文と暗号文の文字を1対1に対応させたテーブルのことです。以下の例は、アルファベット26文字のみで通信する場合の変換テーブルです。

```
平　文　　ABCDE・・・XYZ
暗号文　　KGWQB・・・CRM
```

暗号化は、A→K、B→Gというようにすべてのアルファベットをテーブルに従い別の文字へ変換します。復号はこの表を逆方向に利用します。

送信者と受信者はこの表を共通の「鍵」としてあらかじめ持ち合い、送受信します。送信するメッセージによっては、アルファベット以外の文字についても変換テーブルが必要になります。

転置（置換）

転置とは、文字の順序をある規則に従って入れ替える（置き換える）ことです。次の例は4文字ごとに平文を区切り、"2413"という鍵に従って文字を入れ替えています。つまり、"2413"は一区切りの中で置き換えられる場所を示します。復号する場合は、反対の操作を行います。

```
平　文　　KIND　AIKA　GAKU（近代科学）
鍵　　　　2413　2413　2413
暗号文　　NKDI　KAAI　KGUA
```

換字と転置は非常に古くから戦争などで使われた方式です。仕組みは単純ですが、これらの考え方は後にネットワーク用の暗号を構築する上で重要な基盤となりました。

共通鍵暗号方式

さて、実際のネットワークで利用されている暗号方式は、暗号化の仕組みを共用し、かつ簡単に鍵や平文が推定できないよう工夫されています。1970年代、アメリカの商務省により**DES**（Data Encryction Standerd）というネットワーク用に規格化された暗号方式が発表されました。DESは換字と転置を組み合わせた暗号化の仕組みです。

全体の流れは、64ビットを1つのブロックとして、

平文
↓
初期転置：初めに置換表に従って平文を転置する。
↓
換字：　　暗号鍵を使い16段階の換字を行う。
↓
最終転置：置換表に従って最終的な転置を行う。
↓
暗号文

となっています。転置を最初と最後に各1回ずつと、換字を16段階行います。復号は鍵を使う順序を逆にして同じ処理を行います。

　転置や換字に使われる鍵は、送信者と受信者の間であらかじめ交換しておきます。このように同じ鍵をもつ暗号の仕組みを、**共通鍵暗号方式**（Common Key Cryptography）といいます。共通鍵暗号方式による通信の流れを図4.9に示します。

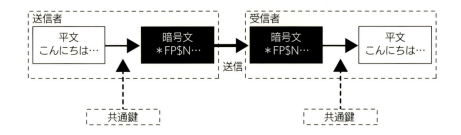

図4.9　共通鍵暗号方式

4.5.4　公開鍵暗号方式

　共通鍵暗号方式は互いに同じ鍵を共有するため、鍵をいかにして安全に配送するかという問題がつきまといます。また、通信相手が変わるたびに別の鍵を生成しなければなりませんので、相手が増えてくると鍵の本数も増えてきます。

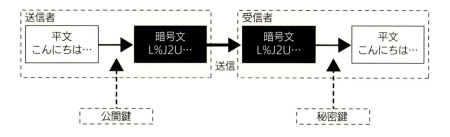

図4.10 公開鍵暗号方式

　一方、**公開鍵暗号方式**（Public Key Cryptography）は2本の鍵を生成し、そのうちの1本を公開することができる仕組みです。この方式は共通鍵のもつ鍵の配送や本数増加の問題を一気に解決しました。公開鍵暗号方式の仕組みを図4.10に示します。

　まず、受信者は鍵を2本作ります。そのうちの1本は**公開鍵**（Public Key）として送信者に渡します。つまり一般に知られてもよいということです。もう1本の鍵は**秘密鍵**（Secret Key）として受信者自身が保管します。次に、送信者は渡された公開鍵で平文を暗号化して受信者へ暗号文を送信します。暗号文を受け取った受信者は、秘密鍵を使って復号します。

　このアルゴリズムは3人の発案者R.Rivest、A.Shamir、L.Adlemanのイニシャルを取って**RSA暗号**と名付けられました。鍵を公開できるため、共通鍵方式のように鍵配送の安全性という難点がありません。また、相手によって鍵を変える必要がありませんので、鍵の本数も少なくすみます。

 ## 公開鍵の認証機関

　公開鍵暗号方式により、鍵配送の問題は解決しました。しかし、最近では偽装サイトによる詐欺があります。例えば、銀行の偽装Webサイトに、公開鍵暗号方式で暗号化したカードの番号などを送信してしまい、個人情報を収集されるという恐れもあります。ユーザ側から見て、このような場合に公開鍵が本当に銀行のものかどうか確認するのは困難です。

　そこで、**認証局**（CA：Certificate Authority）という機関により、公的に公開

鍵の証明を行うシステムが確立されました。公開鍵暗号方式で通信を行う前に、まずユーザ側に対して公開鍵の証明書を提示し、正当性を確認します。

4.5.6 デジタル署名

4.5.5項の認証局による証明書発行は、ペーパーによるものではなく、デジタル署名もしくは電子印鑑と呼ばれるシステムを使っています。

デジタル署名（Digital Signature）の仕組みは公開鍵暗号方式の応用です。簡単にいうと、公開鍵暗号方式の秘密鍵と公開鍵の使用順序を入れ替えたものです。すなわち、送信者は自分の秘密鍵で暗号化した暗号文を受信者に送ります。受信者は送信者の公開鍵で復号します。正しく復号できれば、送信者の秘密鍵によって暗号化されたデータであることになり、送信者は確かに本人であるということが認証できます。また、データの改ざんがないことも確認できます。

書類に署名・捺印し、印鑑証明や筆跡で判断するかわりに、このような方式がネットワーク上の電子商取引に利用されています。認証局の役割は、送信者と受信者の間で証明書の発行と本人確認を行うことです。

実際のデジタル署名では、データ全体を暗号化するのでなく、**ハッシュ関数**（Hash Function）によりメッセージの**ハッシュ値**という一定長の文字列を求めて、それを暗号化したものとメッセージそのものを一緒に送信します。受信側でもメッセージのハッシュ値を求め、暗号化されたハッシュ値を復号したものと照合します。ハッシュ値は**メッセージダイジェスト**（Message Digest）ともいわれます。図4.11はデジタル署名の手順です。

4.5.7 SSL / TLS

SSL（Secure Socket Layer）と**TLS**（Transport Layer Security）は現在Webブラウザにおける商取引で、最も広く実用化されている暗号と認証の仕組み（プロトコル）です。もともと、アメリカのNetscapeコミュニケーションズにより開発されたものです。

送信データの暗号化には、高速な共通鍵暗号を用い、この共通鍵を安全に配送するために、公開鍵暗号方式を用いて鍵を暗号化します。ただし、公開鍵は認証

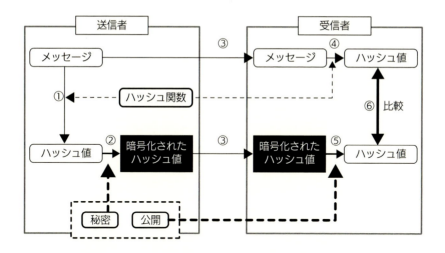

① 送信者はハッシュ関数により送信するメッセージのハッシュ値を計算する。ハッシュ関数とは文字列を一定長のデータ（ハッシュ値）に要約する手続きで、逆算できない一方向性の関数のこと。
② 送信者の秘密鍵を使ってハッシュ値を暗号化する。
③ 暗号化したハッシュ値とメッセージを受信者に送信する。
④ 受信者は、受信したメッセージのハッシュ値を求める。
⑤ 受信者は、受信した暗号化されたハッシュ値を公開鍵で復号する。
⑥ 2つのハッシュ値を比較する。一致すれば、送信者が確かに本人であることが認証され、さらにメッセージが改ざんされていないことも確認できる。

図4.11 デジタル署名の手順

局で証明書を発行します。つまり、SSL / TLSは共通鍵暗号と公開鍵暗号を組み合わせたハイブリッド暗号といえます。

　ブラウザ上でSSL / TLSを用いた通信を行う場合、ブラウザのアドレスは"https"で始まるURLとなります。SSL / TLSを利用するにはサーバに証明書を導入する必要があります。この証明書は信頼のおける認証局が発行するもので、これによって、Webサイトの運営者が確かに証明書に示されるサーバの所有者であることを証明されます。

　ユーザ（クライアント側）からサーバに対して接続し、SSL / TLSの通信が始まってからの流れを図4.12に示します。

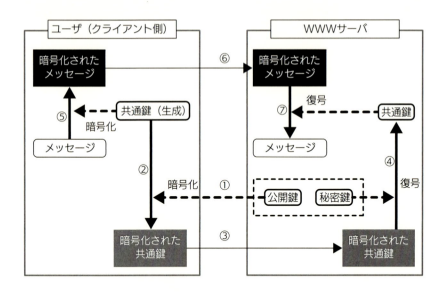

① WWWサーバから公開鍵をクライアント側に送信する。
② クライアント側で共通鍵を生成し、公開鍵で暗号化する。
③ 暗号化された共通鍵をサーバに送信する。
④ サーバ側で受信した暗号化された共通鍵を秘密鍵で復号する。
⑤ クライアント側で、パスワードなどの秘匿するメッセージを共通鍵で暗号化する。
⑥ 暗号化されたメッセージ（暗号文）をサーバに送信する。
⑦ 復号した共通鍵で受信したメッセージ（暗号文）を復号する。

図4.12 SSL / TLS通信

- 通信の盗聴や改ざんから情報を守るために暗号が使われている。
- 平文を暗号化、復号するためのデータを鍵と呼ぶ。
- Webブラウザでは、公開鍵と共通鍵方式を組み合わせたSSLが活用されている。
- デジタル署名は送信者認証と改ざんの検知を行う。

4.6 無線LAN

　無線LAN（Wireless LAN）は、無線通信でデータの送受信をするLANのことです。**アクセスポイント**として無線LAN用のルータを設置すれば、ケーブルなしでネットワークを利用できます。ルータは親機となるコンピュータに接続し、そこへ無線LANカードなどをもつコンピュータがアクセスします。

　しかし、無制限に接続を許可すると、そのアクセスポイントが踏み台となって犯罪に悪用される危険性があります。また、無線で電波が飛び交いますので、通信を傍受され情報を盗聴される可能性もあります。そこで、無線LANを設置する場合は以下の2点に注意してください（図4.13参照）。

無線LAN設置の注意点
・アクセスを許可するコンピュータのMACアドレスを登録する
　　無制限（ANY接続）にしない。
・通信を暗号化する
　　万が一、盗聴されても情報を読み取られないようにする。

　現在、無線LANはさまざまな場所に公共のアクセスポイントが設置されるようになりましたが、中にはパスワードがかかっていないものもあります。このようなアクセスポイントの中には、**ハニーポット**といって情報を盗む目的で設置さ

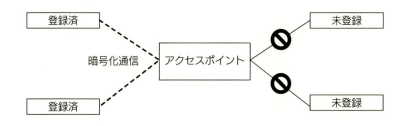

図4.13　無線LANのアクセス制限

れているものもありますので、むやみに重要な情報を入力しない方が賢明です。通信速度が速いからといって、うっかりアクセスすると危険が待ち受けているかもしれません。

・無線LANでは、アクセス許可するパソコンのMACアドレスを登録する。
・電波の傍受、盗聴に備えて通信を暗号化する。
・公共のアクセスポイントには危険が伴うので注意する。

4.7 セキュリティポリシー

　ここまで、セキュリティについてさまざまなシステムを解説してきましたが、これらを企業や学校で利用し安全なネットワーク利用を実現するためには、組織全体として一貫した姿勢を保つ必要があります。そこで、セキュリティの基盤となるガイドラインを策定します。これを**セキュリティポリシー**といいます。

　セキュリティポリシーは単に文書化するだけでなく、それに応じた人の配置や機器の選択、ユーザへの教育も必要です。また、新たな脅威への対策とともに、事故発生時の対応方法も明記する必要があります。

　情報セキュリティポリシーの立案から実践、そして見直しは、以下の4段階で行われます。このモデルは**PDCAサイクル**（Plan-Do-Check-Act）といわれるものです（図4.14）。ネットワーク運用の中で、情報セキュリティについて新たな脅威が発生したり、当初の予定から外れた問題に直面したりすることがあります。よって、変化に対応しながら継続的にセキュリティポリシーを見直す必要があります。

セキュリティポリシーの立案・策定（Plan）

　セキュリティポリシーを立案するにあたり、まず、企業や学校等がどのような情報をもち、何をネットワークで利用するか、またどのような情報を外敵から守

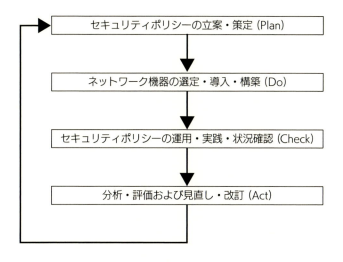

図4.14 セキュリティポリシーのPDCAサイクル

るかといった分析を行います。

　利用される情報とそれに対する危険性から、具体的なセキュリティ対策を立案していきます。例えば、ユーザID・パスワードの管理、不正アクセスやウィルス・ワームに対する防御等です。さらに、ウィルス感染や情報漏洩などの危機にさらされた場合、被害を最小限に抑えつつ、正常な状態に戻すための手順も必要です。

▶ ネットワーク機器の選定・導入・構築（Do）

　この段階では、セキュリティポリシーに応じた機器の選定と導入を行います。また、各機器やソフトウェアの設定も行います。このとき、運用する人のスキルや人数などを考慮する必要があります。具体的にはアクセス権の設定、ファイアウォールの構築等です。

▶ セキュリティポリシーの運用・実践・状況確認（Check）

　機器の構成の後は実践段階に入ります。まず、セキュリティポリシーを、組織のメンバー全員に対してその目的や意味を理解させた上で遵守するよう教育します。

また、運用しながらシステムの更新作業を行ったり、ウィルス情報、外部からのアタックなどについて記録を取り、状況を確認します。

分析・評価および見直し・改訂（Act）
　運用したセキュリティ対策について、機器の設定や管理方法は適切か、構成メンバーがルールを遵守できたかなどを分析します。無理があったり、不十分な点は改訂を行います。

　よって、セキュリティポリシーは一度策定して終了ではありません。上記の4段階を繰り返しながら運用していくことが重要です。特に情報の分野は日々進化していますので、新しい問題が発生した場合、できるだけ迅速かつ柔軟に対処することを心がけましょう。

・セキュリティポリシーは組織全体のガイドラインである。
・策定、運用後も状況に応じてPDCAサイクルで継続的に見直す。

第4章のまとめ

この章では以下のことを学習しました。

- パスワードを盗まれる原因と日頃の管理
- ユーザを認証するための技術と特徴
- ファイアウォールによるパケットのフィルタリング
- 被害に対する備えとしてのバックアップ
- Webやメール通信で活用される暗号
- 無線LANで盗聴や不正アクセスされないための設定
- セキュリティポリシーの策定

章末問題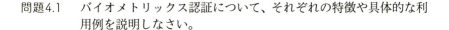

問題4.1 バイオメトリックス認証について、それぞれの特徴や具体的な利用例を説明しなさい。

問題4.2 ソーシャル・エンジニアリングにはどのような手口があるか。また、それぞれの手口に対する対策を説明しなさい。

問題4.3 ファイアウォールについてフィルタリング機能の性能別に分類し、特徴を述べなさい。

問題4.4 自分の氏名をローマ字で表し、換字暗号や転置暗号で暗号化しなさい。また、復号しなさい。

問題4.5 共通鍵暗号と公開鍵暗号について、暗号化や復号の仕組みと特徴をそれぞれ説明しなさい。

問題4.6 SSLがどのような仕組みで暗号化や電子署名を行っているか調べなさい。

問題4.7 PGPとはどのような仕組みの暗号か説明しなさい。

問題4.8 公共の無線LANにアクセスするときの注意点を述べなさい。

問題4.9 自分の所属する大学や企業のセキュリティポリシーについて調べなさい。

第5章 インターネットと法律

　この章では、インターネットとかかわりの深い法律について学習します。
　法律の中には、今なお整備中、もしくは近い将来、変更や追加を議論される可能性のあるものも多く存在します。新手の犯罪や大きな被害が出て、少しずつ法律が整備されてきているのも事実です。メディアリテラシーを身に付け、今後の動向にも十分注意してください。また、違法と判断されるような情報を見つけた場合、通報する窓口も知っておきましょう。

この章の
ポイント

- 不正アクセス禁止法
- 他人の著作物を利用する場合のルール
- マルウェアに関する法律
- 掲示板における誹謗中傷とプロバイダやサイト管理者としての責任
- 犯罪予告など業務妨害となる書き込みに関する法律
- 個人情報の保護に関する法律
- オークションサイト開設に関する法律
- ワンクリック詐欺、架空請求への対処
- 迷惑メールに関する法律と通報
- 出会い系サイトに関する法律
- 闇サイトに関する法律

5.1 不正アクセス禁止法

あなたが普段利用しているサービスを、悪意のある人が不正利用するとどうなりますか。例えば、メールを読まれる、データを盗まれるという被害が出ます。さらに、あなたになりすまして別の犯罪に手を染めるかもしれません。あなたは踏み台にされ、まるで加害者のように扱われる可能性があります。

不正アクセスによる被害については、2.1節で解説しました。不正アクセスはインターネットの象徴的な犯罪で、それがきっかけとなって非常に大きな事件につながることがあるのです。この節で解説する法律は、不正アクセスの重大さから制定され、犯罪の情勢から改定されてきました。

5.1.1 不正アクセス行為の禁止等に関する法律

1999年、不正アクセスで実害が出た場合の罰則や、管理者が行うべき防御措置などを定めた「**不正アクセス行為の禁止等に関する法律**」(通称「**不正アクセス禁止法**」)が交付され、翌年から施行されました。2012年には改正により罰則が強化され、不正アクセスの原因となるフィッシング等の準備行為も禁止されました。

不正アクセス禁止法の構成
不正アクセス禁止法は、以下の内容で構成されています。
- 第1条　目的
- 第2条　定義
- 第3条　不正アクセス行為の禁止
- 第4条　他人の識別符号を不正に取得する行為の禁止
- 第5条　不正アクセス行為を助長する行為の禁止
- 第6条　他人の識別符号を不正に保管する行為の禁止
- 第7条　識別符号の入力を不正に要求する行為の禁止
- 第8条　アクセス管理者による防御措置
- 第9～10条　都道府県公安委員会による援助等

第11～13条　罰則

　アクセス制御を行っているシステム、つまりユーザIDとパスワードがなければログインできないコンピュータやネットワークに、他人のアカウントでアクセスする行為は、「何人も」、またいかなる場合でも不正アクセスとなります（不正アクセス禁止法第3条）。罰則として3年以下の懲役または100万円以下の罰金が科せられます（第11条）。セキュリティホールなどの脆弱性を突いてアクセスした場合も同様です。
　また、改正により次に挙げる**不正アクセスの準備行為**が禁止されました。

不正アクセスの準備行為
・ID・パスワードを不正に取得する（第4条）。
・入手したID・パスワード等を他人に提供する（第5条）。
・IDを不正に保管する（第6条）。
・フィッシングサイトを作成、公開する。メールを送信してIDを入力させる（第7条）。

　いずれも1年以下の懲役または50万円以下の罰金刑です（第12条）。

不正アクセス禁止法（抜粋）

（不正アクセス行為の禁止）
第3条　何人も、不正アクセス行為をしてはならない。

（他人の識別符号を不正に取得する行為の禁止）
第4条　何人も、不正アクセス行為（第2条第4項第1号に該当するものに限る。第6条及び第12条第2号において同じ。）の用に供する目的で、アクセス制御機能に係る他人の識別符号を取得してはならない。

（不正アクセス行為を助長する行為の禁止）
第5条　何人も、業務その他正当な理由による場合を除いては、アクセス制御機能に係る他人の識別符号を、当該アクセス制御機能に係るアクセス管理者及び当

該識別符号に係る利用権者以外の者に提供してはならない。

（他人の識別符号を不正に保管する行為の禁止）

第6条　何人も、不正アクセス行為の用に供する目的で、不正に取得されたアクセス制御機能に係る他人の識別符号を保管してはならない。

（識別符号の入力を不正に要求する行為の禁止）

第7条　何人も、アクセス制御機能を特定電子計算機に付加したアクセス管理者になりすまし、その他当該アクセス管理者であると誤認させて、次に掲げる行為をしてはならない。ただし、当該アクセス管理者の承諾を得てする場合は、この限りでない。

一　当該アクセス管理者が当該アクセス制御機能に係る識別符号を付された利用権者に対し当該識別符号を特定電子計算機に入力することを求める旨の情報を、電気通信回線に接続して行う自動公衆送信（公衆によって直接受信されることを目的として公衆からの求めに応じ自動的に送信を行うことをいい、放送又は有線放送に該当するものを除く。）を利用して公衆が閲覧することができる状態に置く行為

二　当該アクセス管理者が当該アクセス制御機能に係る識別符号を付された利用権者に対し当該識別符号を特定電子計算機に入力することを求める旨の情報を、電子メール（特定電子メールの送信の適正化等に関する法律（平成14年法律第26号）第2条第1号に規定する電子メールをいう。）により当該利用権者に送信する行為

　Webサーバ等の管理者は、不正アクセスの被害にあった場合、公安委員会に届け出て援助を求めることができます。再発防止と犯人の特定のもとになる資料として、アクセス・ログは一定期間保管しておきましょう。また、ユーザにはアカウントの配布時にパスワード管理の重要性を説明すると共に、定期的なパスワード変更を呼びかけてください。1人のずさんな管理でシステムや組織全体が脅威

にさらされることがあります。

　不正アクセスの疑いがもたれるサーバは、直ちにインターネットから切り離してください。踏み台として使われている可能性がありますので、公安委員会の指導等で状況を把握し、被害を最小限にとどめてください。最近では、インターネットからサーバの脆弱性を狙ってアクセスを試みるポートスキャンや、ボットのようなタイプのウィルスに感染していることが原因となるケースが多いようです。

　この法律に先駆け、IPA（情報処理推進機構）では1996年に「**不正アクセス対策基準**」を定めました。システムユーザ、システム管理者、ネットワークサービス事業者およびハードウェア・ソフトウェア供給者別に対策基準が設定されています。また、相談窓口も設置し、現在も被害が出た場合の届け出や再発防止対策に従事しています。

・アクセス制御されたコンピュータに他人のアカウントでログインすると、何人であっても不正アクセスとなる。
・偽装サイトに誘導してパスワードを盗み出すのは、不正アクセスの準備行為となる。
・サーバの管理者は、ユーザにパスワード管理の重要性を呼びかける。

5.2　Webサイトと著作権法

　インターネット上ではデジタルデータが配信されています。Webページからファイルをダウンロードして活用することも可能です。また、自分でWebページを作成して閲覧可能状態にしたり、そこから他者の作ったWebページへリンクしたりすることもできます。

　しかし、一方でこのように配信されるデータには著作権があることを忘れてはなりません。テレビの番組を録画してYouTubeのような動画サービスにアップロードして良いでしょうか。レンタルした映画のDVDの複製を作っても良いの

でしょうか。不特定多数が閲覧可能な状態にする場合は、公衆送信権などの法律があります。また、十分な確認なしにコピーしたり、許諾なしに閲覧可能な状態にしたりすると2.6節で説明したような違法行為となることがあります。

5.2.1 知的財産権

デジタルデータに限らず、知的な創作活動により何かを創作した人に対しては**知的財産権**が与えられます。この権利により、自分の創作物を他人に無断で利用されないよう保護されています。知的財産権は表5.1のように分類されます。

著作権とは

著作権は、著作物を保護対象とする権利です。著作物が作られた時点で自動的に発生し、著作者の死後50年間保護されます。

著作権法第2条で、**著作物**とは「思想又は感情を創作的に表現したものであって、文芸、学術、美術又は音楽の範囲に属するもの」、**著作者**は「著作物を創作する人」と定義されています。

表5.1　知的財産権

権利			保護対象
知的財産権	著作権	著作者の権利	著作物（創作時から著作者の死後50年）
		著作隣接権	実演等（実演等を行った時から50年）
	産業財産権	特許権	発明（出願日から20年）
		実用新案権	考案（出願日から10年）
		意匠権	物品のデザイン（登録日から20年）
		商標権	マーク等の営業標識（登録日から10年、更新可）

著作権法（抜粋：目的、定義）

（目的）
第1条　この法律は、著作物並びに実演、レコード、放送及び有線放送に関し著作者の権利及びこれに隣接する権利を定め、これらの文化的所産の公正な利用に留意しつつ、著作者等の権利の保護を図り、もつて文化の発展に寄与することを目的とする。

（定義）
第2条　この法律において、次の各号に掲げる用語の意義は、当該各号に定めるところによる。

一　著作物　思想又は感情を創作的に表現したものであつて、文芸、学術、美術又は音楽の範囲に属するものをいう。

二　著作者　著作物を創作する者をいう。

三　実演　著作物を、演劇的に演じ、舞い、演奏し、歌い、口演し、朗詠し、又はその他の方法により演ずること（これらに類する行為で、著作物を演じないが芸能的な性質を有するものを含む。）をいう。

四　実演家　俳優、舞踊家、演奏家、歌手その他実演を行う者及び実演を指揮し、又は演出する者をいう。

-以下略-

▶ 著作者の権利

　著作者の権利には**著作者人格権**と**著作権（財産権）**があります。著作者人格権は著作者の人格的利益を保護する権利で、公表権、氏名表示権、同一性保持権からなります。著作権（財産権）は著作物の利用を許諾または禁止する権利で、複製権や上演権、譲渡権などがあります（表5.2）。よって、Webページやその中に貼

り付けられた画像、文章などはすべて著作物にあたり、それらを制作した人は著作者となります。これらを無断で自分のWebページに貼り付けて配信したり、許可なく他人に配布したりすれば、著作権の侵害となります。

　例外として、「引用」があります。論文・論評や紹介など他者の文章やデータを引用する場合、目的上正当な部分に限って、許諾なしでも掲載が認められます（第32条）。また、教科書等への掲載についても同様です（第33条）。ただし、引用箇所と原文の出所を明示する必要があります（第48条）。Webページなどで著作物を引用する場合には次のことに気をつけましょう。

引用の際の注意点
・引用する必然性がある。
・自分の著作物と引用部分とが区別されている。
・自分の著作物が主体である。
・出所が明示されている。

表5.2　著作者の権利

著作者の権利	著作者人格権	公表権、氏名表示権、同一性保持権
	著作権 （財産権）	複製権
		上演・演奏権、上映権、公衆送信権、公の伝達権、口述権、展示権
		譲渡権、貸与権、頒布権
		二次的著作物の創作権および利用権

著作権法（抜粋：引用、教科用図書等への掲載、出所の明示）

（引用）
第32条　公表された著作物は、引用して利用することができる。この場合において、その引用は、公正な慣行に合致するものであり、かつ、報道、批評、研究その他の引用の目的上正当な範囲内で行なわれるものでなければならない。

（教科用図書等への掲載）
第33条　公表された著作物は、学校教育の目的上必要と認められる限度において、教科用図書（小学校、中学校、高等学校又は中等教育学校その他これらに準ずる学校における教育の用に供される児童用又は生徒用の図書であつて、文部科学大臣の検定を経たもの又は文部科学省が著作の名義を有するものをいう。次条において同じ。）に掲載することができる。

-以下略-

（出所の明示）
第48条　次の各号に掲げる場合には、当該各号に規定する著作物の出所を、その複製又は利用の態様に応じ合理的と認められる方法及び程度により、明示しなければならない。

　一　第32条、第33条第1項（-中略-）の規定により著作物を複製する場合

-以下略-

 データの複製

　デジタルデータは**複製**が簡単にできますが、私的な使用目的に範囲を限定すれば、著作物を複製しても侵害にはなりません（第30条）。
　しかし、2012年に改正著作権法が可決され、違法にアップロードされた著作物（動画や音楽など）を「違法と知りながらダウンロードする行為」は処罰対象となりました。さらに、DVDのリッピング（違法コピーから保護するための暗号を

解除して複製する行為）も違法となりました。

　一方、学校の授業や試験問題作成、図書館の資料保管等では複製が認められるケースもあります。ただし、私的な目的や学校の授業でも例外がありますので、複製する前に確認してください（第35条）。

著作権法（抜粋：私的使用および教育機関における複製）

　　　　　　（私的使用のための複製）
　第30条　著作権の目的となつている著作物（以下この款において単に「著作物」という。）は、個人的に又は家庭内その他これに準ずる限られた範囲内において使用すること（以下「私的使用」という。）を目的とするときは、次に掲げる場合を除き、その使用する者が複製することができる。

　　　　一　公衆の使用に供することを目的として設置されている自動複製機器（複製の機能を有し、これに関する装置の全部又は主要な部分が自動化されている機器をいう。）を用いて複製する場合

　　　　二　技術的保護手段の回避（第二条第一項第二十号に規定する信号の除去若しくは改変（記録又は送信の方式の変換に伴う技術的な制約による除去又は改変を除く。）を行うこと又は同号に規定する特定の変換を必要とするよう変換された著作物、実演、レコード若しくは放送若しくは有線放送に係る音若しくは影像の復元（著作権等を有する者の意思に基づいて行われるものを除く。）を行うことにより、当該技術的保護手段によつて防止される行為を可能とし、又は当該技術的保護手段によつて抑止される行為の結果に障害を生じないようにすることをいう。第百二十条の二第一号及び第二号において同じ。）により可能となり、又はその結果に障害が生じないようになつた複製を、その事実を知りながら行う場合

　　　　三　著作権を侵害する自動公衆送信（国外で行われる自動公衆送信であつて、国内で行われたとしたならば著作権の侵害となるべきものを含む。）

を受信して行うデジタル方式の録音又は録画を、その事実を知りながら
　　　行う場合

-以下略-

　（学校その他の教育機関における複製等）
　第35条　学校その他の教育機関（営利を目的として設置されているものを除く。）において教育を担任する者及び授業を受ける者は、その授業の過程における使用に供することを目的とする場合には、必要と認められる限度において、公表された著作物を複製することができる。ただし、当該著作物の種類及び用途並びにその複製の部数及び態様に照らし著作権者の利益を不当に害することとなる場合は、この限りでない。

-以下略-

5.2.3　著作物の送信

　著作権の中には、放送や送信に関する権利を定めた「公衆送信権」や「著作隣接権」があります。これらはWebページに著作物を貼り付ける場合に重要な法律です。

▶ 公衆送信権

　公衆送信権は著作権（財産権）の1つで、著作者自身が公衆に対して著作物を送信する権利を保護します。**公衆送信**とは公衆による同時受信を目的とした有線もしくは無線による送信を指します。具体的には以下の場合があります。

公衆送信の例
・放送
　　テレビ、ラジオ等の無線通信（同一内容の受信）
・有線放送
　　ケーブルテレビ、有線ラジオ放送（同一内容の受信）
・自動公衆送信
　　インターネット上での配信（公衆からのリクエストに応じた自動送信）

・その他の公衆送信
　　FAX等

　インターネットが普及する以前は、テレビやラジオなど、放送局からの一斉送信が主体でした。しかし現在では、Webサーバへのユーザからのリクエストに応じてコンテンツを配信するという場合も公衆送信に含まれています。他人の著作物をこのように送信するためには著作者の承諾が必要となります。**著作隣接権者**である**放送事業者・有線放送事業者**等も公衆送信権をもっています。しかし、許諾なしに一般のユーザが、サーバ上に著作物をおいて公開したり、ファイル共有ソフトで著作物を共有可能状態に置いたりすると、公衆送信権を侵害することになります。

著作権法（抜粋：公衆送信権）

　　　　（公衆送信権等）
　第23条　著作者は、その著作物について、公衆送信（自動公衆送信の場合にあつては、送信可能化を含む。）を行う権利を専有する。
　　　　　　　　　　　　-以下略-

▶ 著作隣接権

　著作権法によって、著作物を公衆に伝達するために重要な役割を果たしている実演家、レコード製作者、放送事業者などの権利を保護する目的で制定されています。ここで実演家とは、俳優・声優、舞踏家、歌手、ミュージシャン、指揮者などです。
　著作隣接権に含まれるのは以下の権利です。

著作隣接権
・録音権および録画権（第91条）
・放送権および有線放送権（第92条）
・送信可能化権（第92条の2）

・商業用レコードの二次使用料（第95条）
・譲渡権（第95条の2）
・貸与権等（第95条の3）

　上記の中で、インターネットの普及に伴い**送信可能化権**が1998年に改正されました。「実演」の映像などをサーバに蓄積して送信可能状態にする場合、実演家に許諾を得なければならないという内容です。実演家以外にも、放送事業者や有線放送事業者の権利も保護されます。
　また、Webページに著作物を貼り付け、ブラウザ等で閲覧可能にした状態は、不特定多数に送信をしているのと同じことです。よって、無断で著作物をWebページに掲載すると、著作隣接権の侵害となります。

著作権法（抜粋：送信可能化権）

　　　　　　（送信可能化権）
　第92条の2　実演家は、その実演を送信可能化する権利を専有する。
　　　　　　　　　　　　-以下略-

・著作権は著作物に対して自動的に発生する。
・デジタルデータの複製・引用は目的と条件を確認して行う。
・著作権法が改正され、違法ダウンロード、リッピングが処罰対象となった。
・Webページでの著作物利用の際には、公衆送信権と著作隣接権に注意する。

5.3 マルウェアに関する法律

　コンピュータウィルスは単なるプログラムです。以前は、そのようなプログラム自体を作成しても法に触れることはありませんでした。そこで、法的措置としては、感染するとデータの破壊や消去などの損害が出ることがありますので（第3章参照）、業務用のコンピュータについては1987年に**「電子計算機損壊等業務妨害罪」**（刑法234条の2）が適用されていました。名称通り、ウィルスの感染によりコンピュータに被害を及ぼし、業務を妨害した場合に処罰対象となります。故意・過失を問わず、ウィルスにより損壊を出した場合は、5年以下の懲役または100万円以下の罰金刑となります。

刑法（抜粋：電子計算機損壊等業務妨害）

　　　　　　　（電子計算機損壊等業務妨害）
　第234条の2　人の業務に使用する電子計算機若しくはその用に供する電磁的記録を損壊し、若しくは人の業務に使用する電子計算機に虚偽の情報若しくは不正な指令を与え、又はその他の方法により、電子計算機に使用目的に沿うべき動作をさせず、又は使用目的に反する動作をさせて、人の業務を妨害した者は、五年以下の懲役又は百万円以下の罰金に処する。

　また、損壊を受けたファイルが、公文書もしくは私文書の場合に応じて「公用文書等毀棄罪」（刑法258条）、「私用文書等毀棄罪」（刑法259条）が適用されます。「毀棄」とは「破壊して捨てること」、もしくは「物の効用を滅失させること」です。
　公用文書等毀棄罪は公務所（官公庁等）が作成した文書や電磁的記録（データ）を毀棄した場合に適用されます（3ヶ月月以上7年以下の懲役刑）。データとはWebページのように公開されているもの含まれますので、Webページの消去や改ざんにもこの刑法が適用されます。

私用文書等毀棄罪は他人の文書やデータのを毀棄した場合に適用されます（5年以下の懲役）。

刑法（抜粋：公文書・私文書毀棄）

（公用文書等毀棄）
第258条　公務所の用に供する文書又は電磁的記録を毀棄した者は、三月以上七年以下の懲役に処する。

（私用文書等毀棄）
第259条　権利又は義務に関する他人の文書又は電磁的記録を毀棄した者は、五年以下の懲役に処する。

コンピュータウィルスの問題に踏み込んで対処するため、2011年に刑法が改正され、「**不正指令電磁的記録に関する罪**」（「**コンピュータウィルス罪**」）が新設されました。当初はウィルス感染による具体的な被害が出てから刑法が適用されましたが、この法律により、正当な理由なくコンピュータウィルスを作成・提供および取得・保管する行為が処罰対象となりました。

例えば、Webサイトなどでウィルスの作り方を知ったとしても、そのようなプログラムを作ってはいけません。ウィルスのファイルをダウンロードすることや、人に配信するなども違法行為です。

刑法（不正指令電磁的記録作成・提供罪）

（不正指令電磁的記録作成等）
第168条の2　正当な理由がないのに、人の電子計算機における実行の用に供する目的で、次に掲げる電磁的記録その他の記録を作成し、又は提供した者は、3年以下の懲役又は50万円以下の罰金に処する。

　一　人が電子計算機を使用するに際してその意図に沿うべき動作をさせず、

又はその意図に反する動作をさせるべき不正な指令を与える電磁的記録

二　前号に掲げるもののほか、同号の不正な指令を記述した電磁的記録その他の記録

2　正当な理由がないのに、前項第1号に掲げる電磁的記録を人の電子計算機における実行の用に供した者も、同項と同様とする。

3　前項の罪の未遂は、罰する。

（不正指令電磁的記録取得等）
第168条の3　正当な理由がないのに、前条第1項の目的で、同項各号に掲げる電磁的記録その他の記録を取得し、又は保管した者は、2年以下の懲役又は30万円以下の罰金に処する。

- ウィルスによるコンピュータの被害は、電子計算機損壊等業務妨害罪の処罰対象となる。
- 公務所の作成したデータの損壊は、公用文書等毀棄罪の処罰対象となる。
- 他人のデータを損壊した場合は、私用文書等毀棄罪の処罰対象となる。
- 現在は、コンピュータウィルス罪が新設され、ウィルスの作成・提供および取得・保管行為はすべて処罰対象となる。

5.4 掲示板での誹謗中傷と管理責任

5.4.1 名誉毀損罪と侮辱罪

　掲示板やソーシャルメディアなどのサービスは同じ趣味や話題に興味をもつ人同士が意見交換できる場所です。しかし、感情的になって相手を罵倒したり、故意・過失を問わず個人情報を書き込んだりしてしまうようなケースもあります（2.8節参照）。

　気に入らない相手のことについて実名を挙げて、Twitterで「○○は人間のくずだ！」などと書き込むような行為は、絶対にしてはいけません。公の場における**誹謗中傷**により、被害者は大きな精神的ダメージを受けることになります。

　このような場合、書き込みの内容次第では名誉毀損罪や侮辱罪にあたる場合があります。名誉毀損は公然と、つまりネット掲示板等で他人の事実を摘示し、その人の名誉を毀損した場合に適用されます。摘示とは「あばき示すこと」をいい、摘示した事実が実際のものかどうかにかかわらず名誉毀損となります（第230条）。

　侮辱は名誉毀損と似ていますが、事実の摘示はなく他人を公然と侮辱した場合に適用されます（第231条）。

刑法（抜粋：名誉毀損、侮辱）

（名誉毀損）
第230条　公然と事実を摘示し、人の名誉を毀損した者は、その事実の有無にかかわらず、3年以下の懲役若しくは禁錮又は50万円以下の罰金に処する。

（侮辱）
第231条　事実を摘示しなくても、公然と人を侮辱した者は、拘留又は科料に処する。

5.4.2 掲示板の管理責任

　掲示板等、**インタラクティブ**（Interactive：双方向のコミュニケーション可能）なWebサイトを開設して運営する場合、管理者は悪質な書き込みを見過ごしてはいけません。監視体制を確立し、不適切な書き込みはできるだけ早く削除するとともに、被害者からの削除依頼にも対応する必要があります。不適切な書き込みとは前述の名誉毀損や侮辱だけでなく、プライバシーの侵害にあたるような情報も含まれます。

　2002年にプロバイダやサーバの管理・運営者等を対象として、「**特定電気通信役務提供者の損害賠償責任の制限及び発信者情報の開示に関する法律**」が施行されています。通称、「**プロバイダ責任制限法**」です。インターネットや携帯電話の掲示板等における不適切な書き込みを、プロバイダやWebサイトの管理者が削除した場合、賠償責任を免れるようにすることを目的としています。つまり、不適切な書き込みをした者が勝手に削除されたと訴え出ても、管理者に賠償責任はありません。

　また、この法律では管理者に対して、誹謗中傷にあたる悪質な情報を発信した者に関する情報を開示請求できることについても規定されています。開示請求できる発信者の情報は、発信者や情報の送信にかかわる者の氏名または名称、住所、電子メールアドレス、IPアドレス、送信年月日および時刻等です。

特定電気通信役務提供者の損害賠償責任の制限及び発信者情報の開示に関する法律
（抜粋：損害賠償責任の制限、発信者情報の開示請求）

　　　　（損害賠償責任の制限）
　第3条　特定電気通信による情報の流通により他人の権利が侵害されたときは、当該特定電気通信の用に供される特定電気通信設備を用いる特定電気通信役務提供者（以下この項において「関係役務提供者」という。）は、これによって生じた損害については、権利を侵害した情報の不特定の者に対する送信を防止する措置を講ずることが技術的に可能な場合であって、次の各号のいずれかに該当するときでなければ、賠償の責めに任じない。ただし、当該関係役務提供者が当該権利を侵害した情報の発信者である場合は、この限りでない。

一　当該関係役務提供者が当該特定電気通信による情報の流通によって他人の権利が侵害されていることを知っていたとき。

　二　当該関係役務提供者が、当該特定電気通信による情報の流通を知っていた場合であって、当該特定電気通信による情報の流通によって他人の権利が侵害されていることを知ることができたと認めるに足りる相当の理由があるとき。

-以下略-

（発信者情報の開示請求等）

第4条　特定電気通信による情報の流通によって自己の権利を侵害されたとする者は、次の各号のいずれにも該当するときに限り、当該特定電気通信の用に供される特定電気通信設備を用いる特定電気通信役務提供者（以下「開示関係役務提供者」という。）に対し、当該開示関係役務提供者が保有する当該権利の侵害に係る発信者情報（氏名、住所その他の侵害情報の発信者の特定に資する情報であって総務省令で定めるものをいう。以下同じ。）の開示を請求することができる。

　一　侵害情報の流通によって当該開示の請求をする者の権利が侵害されたことが明らかであるとき。

　二　当該発信者情報が当該開示の請求をする者の損害賠償請求権の行使のために必要である場合その他発信者情報の開示を受けるべき正当な理由があるとき。

-以下略-

- 掲示板等、公然での書き込みの際には、名誉毀損罪・侮辱罪に抵触しないよう注意する。
- プロバイダ責任制限法により、管理者は不適切な書き込みを削除することができる。
- 管理者は悪質な情報の発信者に関する情報を開示請求できる。

犯行予告に関する規制

2008年に東京の秋葉原で無差別殺傷事件が発生しました。犯人は直前までインターネット掲示板に事件を予告する書き込みをしていました。それ以後、「○○のコンサート会場を爆破します」、「○○市の○○小学校で生徒を無差別に殺す」というような犯罪予告の書き込みが連鎖し、急増しています。

犯罪予告により、会社が業務を停止する、学校が授業を中止するといった被害が出ています（2.8節参照）。このような書き込みは「**威力業務妨害**」（刑法234条）として処罰されます。また、犯罪予告以外でも「**虚偽の風説**」などを書き込むことも「**信用毀損及び業務妨害**」（刑法233条）となる可能性があります。

刑法（抜粋：信用毀損、威力業務妨害）

（信用毀損及び業務妨害）

第233条　虚偽の風説を流布し、又は偽計を用いて、人の信用を毀損し、又はその業務を妨害した者は、三年以下の懲役又は五十万円以下の罰金に処する。

（威力業務妨害）

第234条　威力を用いて人の業務を妨害した者も、前条の例による。

殺人予告をして逮捕された人の目的は、「学校でおもしろくないことがあった」、「むしゃくしゃしていた」というような不満をぶつけることであったケースがありました。また、「警察官が集まるのを確認したかった」、「どのような騒ぎになるか見たかった」という興味本位のいたずらや、「掲示板で目立ちたかった」というものもあります。いずれも実際に人を殺すつもりはなかったということですが、軽率な書き込みで多くの人や業務に影響が出ています。

　逮捕された人の中に「殺人予告をしても自分を特定できないと思っていたので驚いた」という供述もあったようです。しかし現在、掲示板は匿名性がほとんどなくなり、詳しくアクセス記録を追跡調査することにより書き込んだ人物が特定できるようになってきました。今後、犯罪予告の対策として、インターネット・カフェなどの共用パソコンから掲示板を利用する場合には本人確認をするような制度が確立されていくかもしれません。

　2008年6月に、インターネット上の犯行予告に関するキーワードを自動取得して掲載するWebサイト「予告.in」が公開されました。このサイトは個人（ネット開発者）が作成したもので、犯罪防止を目的としています。また、インターネット・ホットラインセンター等の通報窓口にもリンクされています。通報する対象は殺人、爆破、傷害等の犯行を敢行する予告や、自殺予告などの緊急に人命保護を要する情報等です。犯罪を防止するきっかけとなることがありますので、上記に該当する書き込みを見たら通報して捜査に協力しましょう。ただし、本当に緊急性の高い情報については警察に連絡しましょう。

　さらに、総務省では犯行予告以外に犯罪に関する隠語も検知するソフトウェアの開発を行っています。書き込んだ本人が否定しても、書き込みが犯罪予告や不適切な内容を意図した隠語と判断されれば同罪となります。

- 掲示板等での犯罪予告は、威力業務妨害罪となる。
- 虚偽の風説を書き込んだ場合は、信用毀損罪となる。
- 隠語による書き込みも犯罪予告や不適切な内容と判断されれば同罪となる。

5.6 個人情報保護法

　あなたを特定できる情報やプライバシーに関する情報が、勝手にインターネット上で出回ったり、それを売買されたりしたら恐ろしいことですね。実際に、ノートパソコンやメディアの紛失・盗難、**ファイル共有ソフト**の暴露ウィルス感染など、個人情報の流出事件は多発しています（2.2節参照）。

　情報はコンピュータのハードディスク（固定ディスク）やCD、DVD、USBメモリといったリムーバブルメディア等に保存されます。メディアの小型化が進む一方で、直接は目に見えませんが容量は大きくなり、非常に多くの情報を記憶できるようになっています。反面、メディアの紛失や盗難による情報流出の可能性も増し、また、ウィルス対策が不十分な機器でファイル共有ソフト使うことによる情報流出が起こっています（3.7節参照）。

　このような状況下で、個人情報を取り扱う事業者の管理責任を明示し、情報収集や利用範囲などのガイドラインを設けたのが「**個人情報の保護に関する法律**」、いわゆる「**個人情報保護法**」です。この法律は2003年5月に制定され、2005年4月から施行されています。さらに、2015年9月に改正され、改正法が2017年から施行されています。

　しかし、事業者の責任以前に、自分自身の個人情報が流出被害に遭わないよう、以下の点に気をつけましょう。

個人情報の流出を防ぐために注意すること
・不審な電子メールや携帯電話の**ワン切り**などには一切応じない
　　応じるとかえって個人情報やそのヒントを相手に渡すことになります。
・共用パソコンで個人情報を入力しない
　　キー・ロガーなどの不正プログラムから情報が漏洩する危険がありますので、インターネット・カフェやビジネスホテルのコンピュータ等共用パソコンではパスワードや暗証番号の入力は避けてください。
・個人情報をWebページに掲載しない
　　自分が管理しているブログや他の掲示板など、むやみに個人情報を掲載するのは危

険です。誰がどんな目的で見ているかわからないという意識をもちましょう。
・USBメモリやCDなどのリムーバブルメディアの置き忘れや盗難に注意する
　　大切な情報を紛失したり、盗難されたりしないよう気をつけましょう。また、そもそも重要な機密を小型メディアに保存して持ち歩かない方が賢明です。

個人情報の保護に関する法律

　個人情報の保護に関する法律の基本法制は、図5.1のように全7章（88条）からなります。この法律は、民間の事業者や私立大学などの民間部門と、国の行政機関や国公立大学などの公的部門とでは適用範囲が異なります。

　第1章から第3章は民間部門・公的部門共通の基本理念等です。第4章から第6章が**個人情報取扱事業者**の義務等で、民間部門に適用されます。公的部門（行政機関、独立行政法人、地方公共団体）については個別に法律が設けられています。

個人情報の保護に関する法律（基本法制）			
○基本理念、国及び地方公共団体の責務・個人情報保護施策等 個人情報の保護に関する基本方針 第1章：総則（第1条-第3条） 第2章：国及び地方公共団体の責務・施策（第4条-第6条） 第3章：個人情報の保護に関する施策等（第7条-第14条）			
○個人情報取扱事業者等の義務、罰則等 第4章：個人情報取扱事業者の義務等 　　　（第15条-第58条） 第5章：個人情報保護委員会 　　　（第59条-第74条） 第6章：雑則 　　　（第75条-第81条） 第7章：罰則 　　　（第82条-第88条）	○行政機関個人情報保護法	○独立行政法人個人情報保護法	○個人情報保護条例
事業分野ごとのガイドライン （主務大臣制）	国の行政機関	独立行政法人等	地方公共団体等
民間部門	公的部門		

図5.1　個人情報保護法（基本法制）の概略

```
┌─────────────────────────────────────────────────────────┐
│ ○個人情報                                                │
│   生存する個人に関する情報であって、特定の個人を識別できるもの │
│   （他の情報と容易に照合でき、それにより特定の個人を識別できるものを含む） │
│   ┌─────────────────────────────────────────────────┐  │
│   │ ○個人データ                                      │  │
│   │   個人情報データベース等を構成する個人情報         │  │
│   │   ┌─────────────────────────────────────────┐  │  │
│   │   │ ○保有個人データ                         │  │  │
│   │   │   個人情報取扱事業者が開示、訂正、追加、削除、│  │  │
│   │   │   利用停止、消去等の権限を有する個人データ │  │  │
│   │   └─────────────────────────────────────────┘  │  │
│   └─────────────────────────────────────────────────┘  │
└─────────────────────────────────────────────────────────┘
```

図5.2 個人情報保護法で定義される用語

　ここで、**個人情報**とは「生存している個人に関する情報」であり、「特定の個人を識別できる情報」のことです。つまり、氏名、顔写真や住所、電話番号、メールアドレスなどの連絡先などはすべて個人情報ということができます。
　その他、個人情報の保護に関する法律では、図5.2のような用語が定義されています。
　また、2017年の改正法により、保護対象となる個人情報の定義がより明確化され、次の情報が定められました（第2条）。

- 個人情報
  生存する個人の氏名、生年月日などの、特定の個人を識別できるもの
- 個人識別符号
  特定の個人の身体の一部の特徴をデジタル化した情報、および個人に固有の符号（旅券番号、免許証番号、マイナンバー等）
- 要配慮個人情報
  人種、心情、社会的身分、病歴、犯罪の履歴などのセンシティブ情報

個人情報の扱いに関する義務

　個人情報の取扱事業者には、情報収集の方法や、その後の管理、本人への対応

等についての定められた義務があります。

　まず、個人情報を収集する前に利用目的を特定し、収集する際には目的を本人に対して明示します。また、目的に合わない情報をむやみに収集すべきではありません。集めた情報は漏洩や消失などが起きないよう、正確かつ安全に保管する義務が生じます。さらに、本人からの開示や訂正などの要求にも応じる必要があります。

　例えば、アンケートでいくつかの設問を作成する場合、本名、年齢、性別、住所、メールアドレスなどの各項目について本当に記入が必要なのか、任意でもよいのかをアンケートの目的と照らし合わせて考えます。さらに回答者に対して、「このアンケートは○○のためにのみ利用し、目的外には一切利用しません」というような但し書きを明示するべきです。

　収集した情報やそれをもとに作成したデータベースは、不正アクセスやウィルス対策を十分に施し、安全に保管します。アンケートに回答する側も、目的や収集の手段が適切かどうかや、連絡先や開示請求時の対応などについて注意しつつ情報を提供しましょう。パソコンや携帯端末のWebサイトで自分の情報を安易に入力すべきではありません。

　個人情報の保護に関する法律で定められている収集、保管、開示・訂正についての義務や手順を以下に示します。

個人情報の収集時の義務（第15〜18条）
　　個人情報を収集する場合、利用目的や範囲を明示し、正当な手段で取得する。
・利用目的を特定する。
・利用目的を本人に通知または公表する。
・情報は適正な手段で取得する。不正手段によって取得してはならない。
・本人の許可なく目的の範囲を超えて利用することはできない（ただし、人名や財産の保護、公務の遂行に支障を及ぼす場合は適用外）。

正確性・安全性の確保（第19〜22条）
　　保有している個人情報を、「正確」かつ「最新」に保つことと、安全性確保のためのセキュリティ対策を講じる。
・利用目的の達成に必要な範囲内において、個人データを正確かつ最新の内容に保つ。

- 安全管理措置（個人データの漏洩、滅失または毀損の防止等）
- 従業者と委託先の監督

個人情報の開示や訂正義務（第27～32条）

保有個人データは本人の知り得る状態に置き、以下の請求に応じる。

- 開示請求
- 訂正・追加・削除についての請求（保有個人データが事実でないという理由による場合）
- 利用停止等についての請求（不適切な取得や利用・提供が行われているという理由が認められる場合）

　現在、多くの企業・団体が個人情報を扱う立場にあります。そこで仕事をするにあたっては、まず個人情報の扱いに関するさまざまな責任と義務を理解しましょう。また、その団体の扱う個人情報について**プライバシーポリシー**を確認し、内部で熟知する必要があります。

　また、5,000人分以下の個人情報を扱う事業者は法律の対象外でしたが、改正によって個人情報保護法が適用されるようになりました。

個人情報保護法の改正点

　2015年の法改正のポイントを以下に示します。

名簿屋対策

　個人情報の取得時に、本人に利用目的を明示する必要があります。その上で、収集した個人情報を第三者提供する場合は、本人から同意を得る必要があります（第23条）。

　本人の同意を得ないで個人情報を提供できる特例（オプトアウト）は、個人情報保護委員会への届出が必要となります。

　また、外国にいる第三者へ個人情報を提供する場合についての制限と規定が新設されました（第24条）。

個人情報の有用性の確保

匿名加工情報、すなわち「個人を識別できないように加工された個人情報」の利用規定が定められました（第36〜39条）。

個人情報保護委員会

個人情報保護委員会が設置されました。この委員会に、個人情報取扱事業者に対する監督権限が一元化されます（第5章：第59〜第74条）。

個人情報の保護に関する法律（抜粋）

（利用目的の特定）
第15条　個人情報取扱事業者は、個人情報を取り扱うに当たっては、その利用の目的（以下「利用目的」という。）をできる限り特定しなければならない。

2　個人情報取扱事業者は、利用目的を変更する場合には、変更前の利用目的と相当の関連性を有すると合理的に認められる範囲を超えて行ってはならない。
-以下略-

（適正な取得）
第17条　個人情報取扱事業者は、偽りその他不正の手段により個人情報を取得してはならない。

（取得に際しての利用目的の通知等）
第18条　個人情報取扱事業者は、個人情報を取得した場合は、あらかじめその利用目的を公表している場合を除き、速やかに、その利用目的を、本人に通知し、又は公表しなければならない。
-以下略-

（データ内容の正確性の確保）

第19条　個人情報取扱事業者は、利用目的の達成に必要な範囲内において、個人データを正確かつ最新の内容に保つとともに、利用する必要がなくなったときは、当該個人データを遅滞なく消去するよう努めなければならない。

（安全管理措置）

第20条　個人情報取扱事業者は、その取り扱う個人データの漏えい、滅失又はき損の防止その他の個人データの安全管理のために必要かつ適切な措置を講じなければならない。

- 個人情報保護法により個人情報取扱い事業者の管理責任が明示された。
- 個人情報は収集時に利用目的を明示し、正当な手段で取得する。
- 自分の個人情報が流出被害に遭わないように管理する。

5.7 古物営業法

　ネットオークションでは、千差万別の「古物」、いわゆる中古品が取引されています。中には、なかなか手に入りにくいようなチケットや、マニアにとって価値の高いプレミア商品も多数あります。

　しかし、どうしても手に入れたいという気持ちにつけ込んだ詐欺や、盗品の出品が起こることもあります（2.5節参照）。こういった不正の防止やトラブル回避のため、2002年に「**古物営業法**」が改正され、翌2003年から「**新古物営業法**」が施行されています。

　インターネット上で古物の取引を行うには、**公安委員会**（管轄する警察署等）に「**古物商**」の許可申請を行う必要があります。また、すでに古物営業許可を受けている古物商がWebサイトで古物取引を始める場合は、公安委員会へ変更届出書を提出します。いずれの場合も、プロバイダなどから交付された通知書（WebサイトのURLなどが記載）の写しを添付します。

　オークションサイト（競り売りを行うサイト）を開設するには、「**古物競りあっせん業者開始届出書**」が必要となります。この届け出を行う場合も、プロバイダなどから交付された通知書の写しを添付し、営業の本拠となる事務所を管轄する公安委員会まで届け出ます。届け出の期限は営業開始日から2週間以内です。

　オークションサイトの管理者は、古物競りあっせん業の認定を申請することができます。つまり、公安委員会が定める基準に適合するという認定制度です。認定されると、オークションサイトに認定マークを掲示することができます。認定の基準は、古物営業法の第3条に定められています。住所不定者や過去に古物商の営業許可を取り消されている場合などは、認可が下りないことがあります。

　盗品や違法なものの取引、詐欺などに備えて、サイト管理者は出品者・落札者の身元を確認できるシステムやルール作りを行う必要があります。いうまでもなく、証拠となる取引の記録は保存しておくべきです。

古物営業法（抜粋：定義、許可）

（定義）

第2条　この法律において「古物」とは、一度使用された物品（鑑賞的美術品及び商品券、乗車券、郵便切手その他政令で定めるこれらに類する証票その他の物を含み、大型機械類（船舶、航空機、工作機械その他これらに類する物をいう。）で政令で定めるものを除く。以下同じ。）若しくは使用されない物品で使用のために取引されたもの又はこれらの物品に幾分の手入れをしたものをいう。

2　この法律において「古物営業」とは、次に掲げる営業をいう。

一　古物を売買し、若しくは交換し、又は委託を受けて売買し、若しくは交換する営業であつて、古物を売却すること又は自己が売却した物品を当該売却の相手方から買い受けることのみを行うもの以外のもの

二　古物市場（古物商間の古物の売買又は交換のための市場をいう。以下同じ。）を経営する営業

三　古物の売買をしようとする者のあつせんを競りの方法（政令で定める電子情報処理組織を使用する競りの方法その他の政令で定めるものに限る。）により行う営業（前号に掲げるものを除く。以下「古物競りあつせん業」という。）

-以下略-

（許可）

第3条　前条第二項第一号に掲げる営業を営もうとする者は、営業所（営業所のない者にあつては、住所又は居所をいう。以下同じ。）が所在する都道府県ごとに都道府県公安委員会（以下「公安委員会」という。）の許可を受けなければならない。

-以下略-

（許可の基準）

第4条　公安委員会は、前条の規定による許可を受けようとする者が次の各号のいずれかに該当する場合においては、許可をしてはならない。

一　成年被後見人若しくは被保佐人又は破産者で復権を得ないもの

二　禁錮以上の刑に処せられ、又は第31条に規定する罪若しくは刑法（明治40年法律第45号）第247条、第254条若しくは第256条第二項に規定する罪を犯して罰金の刑に処せられ、その執行を終わり、又は執行を受けることのなくなつた日から起算して五年を経過しない者

三　住居の定まらない者

四　第24条の規定によりその古物営業の許可を取り消され、当該取消しの日から起算して五年を経過しない者（許可を取り消された者が法人である場合においては、当該取消しに係る聴聞の期日及び場所が公示された日前六十日以内に当該法人の役員であつた者で当該取消しの日から起算して五年を経過しないものを含む。）

-以下略-

（許可の手続及び許可証）

第5条　第3条の規定による許可を受けようとする者は、公安委員会に、次に掲げる事項を記載した許可申請書を提出しなければならない。この場合において、許可申請書には、国家公安委員会規則で定める書類を添付しなければならない。

一　氏名又は名称及び住所又は居所並びに法人にあつては、その代表者の氏名

二　営業所又は古物市場の名称及び所在地

三　営業所又は古物市場ごとに取り扱おうとする古物に係る国家公安委員会規則で定める区分

四　第13条第一項の管理者の氏名及び住所

五　第2条第二項第一号に掲げる営業を営もうとする者にあつては、行商（露店を出すことを含む。以下同じ。）をしようとする者であるかどうかの別

六　第2条第二項第一号に掲げる営業を営もうとする者にあつては、その営業の方法として、取り扱う古物に関する事項を電気通信回線に接続して行う自動公衆送信（公衆によつて直接受信されることを目的として公衆からの求めに応じ自動的に送信を行うことをいい、放送又は有線放送に該当するものを除く。以下同じ。）により公衆の閲覧に供し、その取引の申込みを国家公安委員会規則で定める通信手段により受ける方法を用いるかどうかの別に応じ、当該古物に関する事項に係る自動公衆送信の送信元を識別するための文字、番号、記号その他の符号又はこれに該当しない旨

-以下略-

（閲覧等）

第8条の2　公安委員会は、第5条第一項第六号に規定する方法を用いる古物商について、次に掲げる事項を電気通信回線に接続して行う自動公衆送信により公衆の閲覧に供するものとする。

一　氏名又は名称

二　第5条第一項第六号に規定する文字、番号、記号その他の符号

三　許可証の番号

-以下略-

（標識の掲示等）

第12条　古物商又は古物市場主は、それぞれ営業所若しくは露店又は古物市場ごとに、公衆の見やすい場所に、国家公安委員会規則で定める様式の標識を掲示しなければならない。

2　古物商は、第5条第一項第六号に規定する方法を用いて取引をしようとするときは、その取り扱う古物に関する事項と共に、その氏名又は名称、許可をした公安委員会の名称及び許可証の番号を電気通信回線に接続して行う自動公衆送信により公衆の閲覧に供しなければならない。

- インターネットで中古品を取引するには、公安委員会に古物商の許可を申請する必要がある。
- オークションサイト開設には、古物競りあっせん業者開始届出書が必要である。
- 違法取引に備え、出品者・落札者の身元確認システムを確立する。

5.8　電子消費者契約法

　ネットショッピング等、インターネット上の商取引を行う上で、誤操作によるトラブルが起こっています（2.4節参照）。画面に表示される細かい文字を読みながら手続きを進めるうちに、マウスで誤ってボタンをクリックしたり、注文個数をうっかり多く間違えたりした経験はありませんか。

　また、アダルトサイトを閲覧していると突然会員登録画面が表示され、高額の会費を請求されるという事例が多発しています。他にも「無料」と書かれていながら代金を請求されるケースもあります。これらは、「ワンクリック詐欺」、「不正請求」と呼ばれる犯罪の手口です。契約として成立しないにもかかわらず、画面

上に表示される内容に応じてしまい、指定された口座に会費を振り込むという被害が出ています。

そこで、2001年に「電子消費者契約法」（「電子消費者契約及び電子承諾通知に関する民法の特例に関する法律」）が施行されました。この法律は、電子商取引における「操作ミスの救済」や「契約の成立時期の転換」などを定めたものです。

5.8.1 操作ミスの救済

ネットショッピングに限りませんが、コンピュータの利用には誤操作がどうしてもつきまといます。Webサイトのデザインをする場合、できるだけユーザが購入する品目や個数を間違わないような配慮が必要です。

例えば、「申込み」や「送信」などのボタンをクリックしたら、すぐに内容が確認できるような画面などを表示し、再度本人の意思を確認して「決定」とする必要があります。電子消費者契約法により、このような措置がなされていない場合、操作ミスによる申込みは無効になります。ただし民法では、消費者に「重大な過失」がある場合には契約は有効であるとの主張ができることになっています。

ワンクリック詐欺では、画面上に「あなたの情報を読み取りました」というようなメッセージを表示し、あたかも個人情報がすべて筒抜けになっているかのように見せ、不安にさせます。しかし、IPアドレスやブラウザのバージョンなどからは、個人情報は何も伝わりません。落ち着いて、その画面を保存しておき、国民生活センターに相談、あるいは通報してください。

5.8.2 契約の成立時期の転換

電子契約において、「契約」は申込み承諾の通知が消費者本人に届いた時点で成立します。クリックした途端、承諾なしにで突然「会員登録されました」と表示されても、承諾を得ていないので契約は成立しません。消費者からの申込みがあった場合、Webサイトの管理者や事業者から申込みに対して申込み承諾の連絡をして、それが本人に届いて初めて契約成立となります。

従来、民法上では申し込みが事業者に届いた時点で契約が成立とされていまし

たが、電子商取引が普及したため、契約成立時期が上記のように転換されました。また、覚えのない利用料金の請求、つまり架空請求についても応じる必要はありません。

よって、ネット上での電子商取引では消費者側と事業者側で次の点に留意しましょう。

電子商取引の留意点
・消費者の操作ミスや錯誤による契約は無効となる。
・契約成立前に、消費者への告知と意思の確認が必要。
・事業者からの申込承諾の通知を受け取り、それが消費者に届いた時点で契約が成立する。

電子消費者契約及び電子承諾通知に関する民法の特例に関する法律（抜粋）

（電子消費者契約に関する民法の特例）

第3条　民法第九十五条ただし書の規定は、消費者が行う電子消費者契約の申込み又はその承諾の意思表示について、その電子消費者契約の要素に錯誤があった場合であって、当該錯誤が次のいずれかに該当するときは、適用しない。ただし、当該電子消費者契約の相手方である事業者（その委託を受けた者を含む。以下同じ。）が、当該申込み又はその承諾の意思表示に際して、電磁的方法によりその映像面を介して、その消費者の申込み若しくはその承諾の意思表示を行う意思の有無について確認を求める措置を講じた場合又はその消費者から当該事業者に対して当該措置を講ずる必要がない旨の意思の表明があった場合は、この限りでない。

一　消費者がその使用する電子計算機を用いて送信した時に当該事業者との間で電子消費者契約の申込み又はその承諾の意思表示を行う意思がなかったとき。

二　消費者がその使用する電子計算機を用いて送信した時に当該電子消費者契約の申込み又はその承諾の意思表示と異なる内容の意思表示を行う意思があったとき。

民法（抜粋）

（錯誤）
第95条　意思表示は、法律行為の要素に錯誤があったときは、無効とする。ただし、表意者に重大な過失があったときは、表意者は、自らその無効を主張することができない。

・電子消費者契約法により、誤操作による契約は無効となる。
・ワンクリック詐欺など、ユーザの意思確認がない契約は成立しない。

5.9 特定電子メールの送信に関する法律

　ユーザ登録もしていない見たこともないWebサイトや会社から、広告メールが届いたことはありませんか。「**特定電子メール**」は、営利目的で広告・宣伝を行うために送信されるメールのことです。メールの内容が商品やサービスの広告・宣伝を目的とする場合には、この特定電子メールに該当します。2.7節で説明したスパムメールもこれに含まれ、また、営業上の広告・宣伝を目的とするWebサイトへ誘導するもの含まれます。ただし、単なる事務連絡や料金請求のメールはこれに該当しません。

　このような広告・宣伝を目的としたメール送信については、「**特定電子メールの送信の適正化等に関する法律**」（俗称「**迷惑メール防止法**」）が2002年より施行され、規制されています。以来、実際の状況に対応するための見直しと改正を何度か繰り返しています。

オプトイン方式

　特定電子メールは、原則として同意した者に対してのみ送信が認められます。反対に、同意を得ていない者、もしくは受信を拒否した者に対して送信することは禁じられています。これは2008年の法改正により導入された**オプトイン方式**（Opt-in）といわれるものです。改正前は**オプトアウト方式**（Opt-out）で、「受信拒否した相手に対しては送信できない」というルールでしたが、改正により条件が見直されました。

　オプトイン方式により、広告・宣伝メールの送信者に対して以下の義務が課せられます（第3条）。

オプトイン方式の原則
・広告・宣伝メールの送信に関して、同意を得た者にのみ送信できる。
・受信を拒否する通知を受けた場合、以後の送信を禁ずる。
・送信者の氏名・名称、受信を拒否する場合の通知先等を表示する。
・広告・宣伝メールの送信に関する同意を証明する記録を保存する。

　上記の原則の上から3番目は送信者が広告・宣伝メールに必ず表示しなければならない項目です。詳細は法律の第4章で定められ、以下の内容を含める必要があります。ここで送信者とは、送信を業者に委託する者と、実際にメールを送信する者をいいます。

広告・宣伝メールの表示必須項目
・送信者の氏名または名称（送信を委託している場合は、送信に関する責任をもつ者）
・送信者の住所
・苦情・問合せ等の窓口となる電話番号、メールアドレス、URL等
・受信拒否の通知を受けるための電子メールアドレスまたはURL
・受信拒否の通知ができるという趣旨の説明（受信拒否の通知先の直前か直後に表示）

　受信拒否者へ送信した場合は、総務大臣によりメール送信の禁止が命ぜられます。命令に従わない場合は1年以下の懲役または100万円以下の罰金となります。

特定電子メールの送信の適正化に関する法律で、オプトイン方式と表示義務等に関連する部分を抜粋します。

特定電子メールの送信の適正化等に関する法律（抜粋：送信の制限）

（特定電子メールの送信の制限）

第3条　送信者は、次に掲げる者以外の者に対し、特定電子メールの送信をしてはならない。

　一　あらかじめ、特定電子メールの送信をするように求める旨又は送信をすることに同意する旨を送信者又は送信委託者（電子メールの送信を委託した者（営利を目的とする団体及び営業を営む場合における個人に限る。）をいう。以下同じ。）に対し通知した者

-以下略-

2　前項第一号の通知を受けた者は、総務省令で定めるところにより特定電子メールの送信をするように求めがあったこと又は送信をすることに同意があったことを証する記録を保存しなければならない。

3　送信者は、第一項各号に掲げる者から総務省令で定めるところにより特定電子メールの送信をしないように求める旨（一定の事項に係る特定電子メールの送信をしないように求める場合にあっては、その旨）の通知を受けたとき（送信委託者がその通知を受けたときを含む。）は、その通知に示された意思に反して、特定電子メールの送信をしてはならない。ただし、電子メールの受信をする者の意思に基づき広告又は宣伝以外の行為を主たる目的として送信される電子メールにおいて広告又は宣伝が付随的に行われる場合その他のこれに類する場合として総務省令で定める場合は、この限りでない。

-以下略-

（表示義務）

第4条　送信者は、特定電子メールの送信に当たっては、総務省令で定めるところにより、その受信をする者が使用する通信端末機器の映像面に次に掲げる事項（前条第三項ただし書の総務省令で定める場合においては、第二号に掲げる事項を除く。）が正しく表示されるようにしなければならない。

一　当該送信者（当該電子メールの送信につき送信委託者がいる場合は、当該送信者又は当該送信委託者のうち当該送信に責任を有する者）の氏名又は名称

二　前条第三項本文の通知を受けるための電子メールアドレス又は電気通信設備を識別するための文字、番号、記号その他の符号であって総務省令で定めるもの

-以下略-

 ## 送信方法に関する規定

広告・宣伝メールを送信する場合、以下の行為は禁止されています。

広告・宣伝メールの送信にあたっての禁止行為

・**送信者情報を偽った送信の禁止**

　送信元を偽装（詐称）してメールを送信した場合、1年以下の懲役または100万円以下の罰金が科せられます（送信者が法人の場合は、法人に対して3000万円以下の罰金）。

・**架空電子メールアドレス**による送信の禁止

　メールアドレスを生成するツール等を用いて、架空のメールアドレスに送信した場合は、受信拒否者への送信と同様に、総務大臣によりメール送信の禁止が命ぜられます。命令に従わない場合は1年以下の懲役または100万円以下の罰金となります。

特定電子メールの送信の適正化等に関する法律（抜粋：送信方法）

（送信者情報を偽った送信の禁止）

第5条　送信者は、電子メールの送受信のために用いられる情報のうち送信者に関するものであって次に掲げるもの（以下「送信者情報」という。）を偽って特定電子メールの送信をしてはならない。

一　当該電子メールの送信に用いた電子メールアドレス

二　当該電子メールの送信に用いた電気通信設備を識別するための文字、番号、記号その他の符号

（架空電子メールアドレスによる送信の禁止）

第6条　送信者は、自己又は他人の営業のために多数の電子メールの送信をする目的で、架空電子メールアドレスをそのあて先とする電子メールの送信をしてはならない。

（措置命令）

第7条　総務大臣は、送信者が一時に多数の者に対してする特定電子メールの送信その他の電子メールの送信につき、第三条若しくは第四条の規定を遵守していないと認める場合又は送信者情報を偽った電子メール若しくは架空電子メールアドレスをそのあて先とする電子メールの送信をしたと認める場合において、電子メールの送受信上の支障を防止するため必要があると認めるときは、当該送信者（これらの電子メールに係る送信委託者が当該電子メールの送信に係る第三条第一項第一号又は第二号の通知の受領、同条第二項の記録の保存その他の当該電子メールの送信に係る業務の一部を行った場合であって、当該電子メールの送信につき、当該送信委託者の責めに帰すべき事由があると認められるときは、当該送信者及び当該送信委託者）に対し、電子メールの送信の方法の改善に関し必要な措置をとるべきことを命ずることができる。

5.9.3　受信者の対応

　広告・宣伝メールの受信を拒否するには、メール中に表示されているアドレスに、受信拒否の意思を伝えるメールを送信します。また、メール中に示されているURLのWebサイトで手続きをします。

　上記の方法で受信拒否の通知をする場合、以下の点に留意してください。広告・宣伝メールの発信者に悪意があると、個人情報を与えてしまう結果になります。

受信の拒否通知
・受信を拒否する意思とメールアドレスのみ通知する。
・上記以外の情報は入力しない。
・該当する広告・宣伝メールを保存する。
・受信を拒否するために送信したメールを保存する。
・拒否したはずのメールがさらに送られ続ける場合は、相談窓口に届け出る。

　財団法人日本データ通信協会は「**迷惑メール相談センター**」という相談窓口を設けています。拒否通知をしたにもかかわらず広告・宣伝メールが送られ続ける場合は連絡し、相談してください。Webサイトから送信者のアドレス、件名、メール内容等を通報できます。また、必要事項が記載されていないメールや、受信を同意していないメールについても、同じ窓口に届け出て、摘発に協力しましょう。

・広告・宣伝メールの送信はオプトイン方式に従う。
・アドレスの偽装、架空アドレスへの送信は違法である。
・違反メールは迷惑メール相談センターに通報する。

5.10 出会い系サイトの規制

　出会い系サイトをきっかけとする事件で最も多く見られるのは、児童買春・児童ポルノです。携帯電話・スマートフォンを中高生が所持するようになってから急増しました（2.3節参照）。このような18歳未満の児童を巻き込んだ犯罪を取り締まるため、「インターネット異性紹介事業を利用して児童を誘引する行為の規制等に関する法律」（俗称「出会い系サイト規制法」）が2003年に制定され、施行されています。

　「インターネット異性紹介事業」とは、面識のない異性同士が交際に関する情報を掲示板などで交換、閲覧できるサイトです。また、交際を希望する者同士がメール等で連絡を取ることができます。有料か無料かにかかわらず、これらのサービスを提供していれば出会い系サイトということになります。

インターネット異性紹介事業を利用して児童を誘引する行為の規制等に関する法律（定義）

（定義）
第2条　この法律において、次の各号に掲げる用語の意義は、それぞれ当該各号に定めるところによる。

一　児童　十八歳に満たない者をいう。

二　インターネット異性紹介事業異性交際（面識のない異性との交際をいう。以下同じ。）を希望する者（以下「異性交際希望者」という。）の求めに応じ、その異性交際に関する情報をインターネットを利用して公衆が閲覧することができる状態に置いてこれに伝達し、かつ、当該情報の伝達を受けた異性交際希望者が電子メールその他の電気通信（電気通信事業法（昭和五十九年法律第八十六号）第二条第一号に規定する電気通信をいう。以下同じ。）を利用して当該情報に係る異性交際希望者と相

互に連絡することができるようにする役務を提供する事業をいう。

　三　インターネット異性紹介事業者　インターネット異性紹介事業を行う者をいう。

-以下略-

出会い系サイトの利用における禁止事項

　まず、利用者側の注意ですが、そもそも児童の利用が禁じられているサイトですので、児童を性交渉や買春に誘引するような書き込みは禁止です（第6条）。また、児童から人（児童をのぞく）を買春や性的関係に誘引するような書き込みも禁止されています。

　書き込みの中には、「諭吉3人」（3万円）、「JK」（女子高生）、「ホ別」（ホテル代別）のような隠語を使った表現も使われていますが、内容からして違反行為であることに変わりありません。違反すれば、いずれも100万円以下の罰金刑となります（第33条）。

インターネット異性紹介事業を利用して児童を誘引する行為の規制等に関する法律（抜粋）

　　　（児童に係る誘引の禁止）
　第6条　何人も、インターネット異性紹介事業を利用して、次に掲げる行為（以下「禁止誘引行為」という。）をしてはならない。

　　一　児童を性交等（-中略-）の相手方となるように誘引すること。

　　二　人（児童を除く。-中略-）を児童との性交等の相手方となるように誘引すること。

　　三　対償を供与することを示して、児童を異性交際（性交等を除く。-中略-）

の相手方となるように誘引すること。

　四　対償を受けることを示して、人を児童との異性交際の相手方となるように誘引すること。

-以下略-

　（罰則）
　第33条　第6条（-中略-）の規定に違反した者は、百万円以下の罰金に処する。

コラム：一般サイトでの異性交際に関する書き込み

　出会い系サイトの規制が強まるにしたがい、他のサービスを使った不正誘引が問題になってきました。例えば、SNS（出会い系以外）のような掲示板で、ある会員が異性紹介事業にあたるコーナーを立ち上げて、異性同士が交際を目的とした書き込みをしているとします。この場合、SNSの管理者が該当するコーナーを放置しておくと、実質としてそのSNSはインターネット異性紹介事業と判断されます。つまり、出会い系サイトに限らず書き込みの内容によって禁止行為か否かを判断されるということです。

　警察庁では2008年12月に「インターネット異性紹介事業の定義に関するガイドライン」として第2条第2項や第6条に関わる具体的な例を示し、一般サイトにおける管理について注意を喚起しています。

　また、スマートフォンの掲示板アプリなども、出会い系サイトとして使われるケースがありますが、まだ規制対象となっていません。児童の不正誘引など問題が大きくなると、規制するための法改正が求められるかもしれません。

インターネット異性紹介事業の届出制

　出会い系サイトでのトラブルを未然に防止するため、2008年に法改正が行われ、出会い系サイトの事業者について届出制が導入されました。新規に出会い系サイトでインターネット異性紹介事業を行うには、事業開始の前日までに届出が必要です。届出書には住民票の写し等の添付書類が必要で、事業廃止や変更についても14日以内に届け出なければなりません。

　届出先は、事業の本拠となる事務所を管轄する**公安委員会**です。公安委員会は事業者の監督として、事業者に対して報告・資料請求、指示、事業停止および廃止命令等を行うことができます。また、第8条に示される欠格事由に該当する場合は、事業を行うことはできません。以下は主な欠格事由の例です。

欠格事由の例

- 児童買春・児童ポルノ等で処罰され、5年を経過していない者
- 最近5年間に事業停止命令または事業廃止命令に違反した者
- 暴力団員または暴力団員でなくなった日から5年を経過しない者
- 未成年者

インターネット異性紹介事業を利用して児童を誘引する行為の規制等に関する法律（抜粋）

　　　　（インターネット異性紹介事業の届出）
第7条　インターネット異性紹介事業を行おうとする者は、国家公安委員会規則で定めるところにより、次に掲げる事項を事業の本拠となる事務所（事務所のない者にあっては、住居。第三号を除き、以下「事務所」という。）の所在地を管轄する都道府県公安委員会（以下「公安委員会」という。）に届け出なければならない。この場合において、届出には、国家公安委員会規則で定める書類を添付しなければならない。

　　　一　氏名又は名称及び住所並びに法人にあっては、その代表者の氏名

二　当該事業につき広告又は宣伝をする場合に当該事業を示すものとして使用する呼称（-以下略-）

三　事業の本拠となる事務所の所在地

四　事務所の電話番号その他の連絡先であって国家公安委員会規則で定めるもの

-以下略-

2　前項の規定による届出をした者は、当該インターネット異性紹介事業を廃止したとき、又は同項各号に掲げる事項に変更があったときは、国家公安委員会規則で定めるところにより、その旨を公安委員会（-中略-）に届け出なければならない。この場合において、届出には、国家公安委員会規則で定める書類を添付しなければならない。

（欠格事由）

第8条　送信者は、自己又は他人の営業のために多数の電子メールの送信をする目的で、架空電子メールアドレスをそのあて先とする電子メールの送信をしてはならない。

一　成年被後見人若しくは被保佐人又は破産手続開始の決定を受け復権を得ない者

二　禁錮以上の刑に処せられ、又はこの法律、児童福祉法（昭和22年法律第164号）第60条第一項若しくは児童買春、児童ポルノに係る行為等の処罰及び児童の保護等に関する法律（平成11年法律第52号）に規定する罪を犯して罰金の刑に処せられ、その執行を終わり、又は執行を受けることがなくなった日から起算して5年を経過しない者

三　最近5年間に第14条又は第15条第二項第二号の規定による命令に違反した者

四　暴力団員による不当な行為の防止等に関する法律（平成3年法律第77号）第2条第六号に規定する暴力団員（以下この号において単に「暴力団員」という。）である者又は暴力団員でなくなった日から5年を経過しない者

　　五　未成年者（児童でない未成年者にあっては、営業に関し成年者と同一の行為能力を有する者及びインターネット異性紹介事業者の相続人でその法定代理人が前各号のいずれにも該当しないものを除く。）

-以下略-

インターネット異性紹介事業者の義務

　犯罪の温床とならないようにサイトを運営するため、**インターネット異性紹介事業者**には管理者としての以下のような義務が課せられます。特に児童の利用禁止や年齢確認および書き込み内容に応じた措置について、同法律の第10〜12条に示されています。

インターネット異性紹介事業者の義務
・児童による利用の禁止を明示する
　　出会い系サイトの広告や宣伝において、児童が利用してはならないことを明示しなければならない。また、利用しようとする者に、児童が利用してはならないことをWebページ上に表示するなどして伝達しなければならない。
・利用者が児童でないことを確認する
　　閲覧や書き込みをしたり、メールなどで利用者同士が連絡を取り合ったりする場合、児童でないことを確認しなければならない。確認方法は免許証や保険証の写しや、児童が利用できないクレジットカードによる支払い方法などである。
・禁止事項が公衆に閲覧されることを防止する
　　禁止事項と判断される書き込みを見つけた場合、その書き込みを速やかに削除して他の利用者が閲覧できないような措置をとる。

これらの義務を怠った場合、事業の全部もしくは一部の停止を公安委員会に命ぜられることになります（第14条）。

インターネット異性紹介事業を利用して児童を誘引する行為の規制等に関する法律（抜粋）

（利用の禁止の明示等）

第10条　インターネット異性紹介事業者は、その行うインターネット異性紹介事業について広告又は宣伝をするときは、国家公安委員会規則で定めるところにより、児童が当該インターネット異性紹介事業を利用してはならない旨を明らかにしなければならない。

2　前項に規定するもののほか、インターネット異性紹介事業者は、国家公安委員会規則で定めるところにより、その行うインターネット異性紹介事業を利用しようとする者に対し、児童がこれを利用してはならない旨を伝達しなければならない。

（児童でないことの確認）

第11条　インターネット異性紹介事業者は、次に掲げる場合は、国家公安委員会規則で定めるところにより、あらかじめ、これらの異性交際希望者が児童でないことを確認しなければならない。ただし、第二号に掲げる場合にあっては、第一号に規定する異性交際希望者が当該インターネット異性紹介事業者の行う氏名、年齢その他の本人を特定する事項の確認（国家公安委員会規則で定める方法により行うものに限る。）を受けているときは、この限りでない。

一　異性交際希望者の求めに応じ、その異性交際に関する情報をインターネットを利用して公衆が閲覧することができる状態に置いて、これに伝達するとき。

二　他の異性交際希望者の求めに応じ、前号に規定する異性交際希望者からの異性交際に関する情報をインターネットを利用して公衆が閲覧するこ

とができる状態に置いて、当該他の異性交際希望者に伝達するとき。

三　前二号の規定によりその異性交際に関する情報の伝達を受けた他の異性交際希望者が、電子メールその他の電気通信を利用して、当該情報に係る第一号に規定する異性交際希望者と連絡することができるようにするとき。

四　第一号に規定する異性交際希望者が、電子メールその他の電気通信を利用して、第一号又は第二号の規定によりその異性交際に関する情報の伝達を受けた他の異性交際希望者と連絡することができるようにするとき。

（児童の健全な育成に障害を及ぼす行為の防止措置）
第12条　インターネット異性紹介事業者は、その行うインターネット異性紹介事業を利用して禁止誘引行為が行われていることを知ったときは、速やかに、当該禁止誘引行為に係る異性交際に関する情報をインターネットを利用して公衆が閲覧することができないようにするための措置をとらなければならない。

（事業の停止等）
第14条　インターネット異性紹介事業者がその行うインターネット異性紹介事業に関し第八条第二号に規定する罪（この法律に規定する罪にあっては、第三十一条の罪及び同条の罪に係る第三十五条の罪を除く。）その他児童の健全な育成に障害を及ぼす罪で政令で定めるものに当たる行為をしたと認めるときは、当該行為が行われた時における当該インターネット異性紹介事業者の事務所の所在地を管轄する公安委員会は、当該インターネット異性紹介事業者に対し、六月を超えない範囲内で期間を定めて、当該インターネット異性紹介事業の全部又は一部の停止を命ずることができる。

- 出会い系サイトを開設するには、公安委員会への届け出が必要である。
- インターネット異性紹介事業者には、利用者が児童でないことの確認義務がある。
- 性交渉や買春に誘引するような書き込みは禁止されている。

5.11 闇サイトに関する法律

　違法販売・有害情報については2.9節で取り上げましたが、この章の最後に凶悪犯罪に直結するこれらの犯罪に関連する法律と、通報や相談窓口について説明します。

5.11.1 自殺サイト

　Webサイトは自由な情報交換の場所です。よって、自殺の仲間を募集したり、自殺の方法を掲載したりする「**自殺サイト**」を即座に違法として取り締まることはできません。

　しかし、このようなサイトでの情報が原因となり多くの人命が奪われています。法的な措置としては、実害についていくつかの関係する刑法があります。

▶ 自殺関与罪

　現在、自殺そのものは未遂であるか否かにかかわらず刑法では処罰されません。しかし、自殺を勧める、もしくは自殺しようとする人に毒物を提供するなどして**幇助**（ほうじょ）する行為は「**自殺関与**」となります。さらに、自殺者自身からたのまれて毒を口に含ませるといった行為は「**同意殺人**」となります。

刑法（抜粋）

（殺人）
第199条　人を殺した者は、死刑又は無期若しくは五年以上の懲役に処する。

（自殺関与及び同意殺人）
第202条　人を教唆し若しくは幇助して自殺させ、又は人をその嘱託を受け若しくはその承諾を得て殺した者は、六月以上七年以下の懲役又は禁錮に処する。

（未遂罪）
第203条　第199条及び前条の罪の未遂は、罰する。（自殺関与及び同意殺人）

▶ 集団自殺を装った殺人

　2004年から2005年にかけて、車内に持ち込んだ七輪で練炭を燃やすことによる一酸化炭素中毒自殺が相次ぎました。1人よりも自殺サイトで自殺仲間を募って集団で自殺するケースが大多数でした。その中で、他人が死ぬところを見てみたいという目的で、自殺サイトを利用し仲間を募って**集団自殺**を企てるケースがありました。これは、「**殺人罪**」および「**死体遺棄罪**」で逮捕されています。

5.11.2　犯罪を誘引するサイト

　犯罪仲間の誘引、復讐の請負、銃刀類など違法な物品の譲渡、爆発物の製造などについて掲示板で情報交換する**闇サイト**があります。これも、自殺サイトと同様に、違法として完全に取り締まることはできません。

　実害が出た場合、刑法の傷害罪や殺人罪が適用されます。また、共犯や**教唆**（そそのかして犯罪を決意させる）等ついても同罪とされています。以下は、刑法第60～62条です。前述の「幇助」についても第62条に罰則があります。

刑法（抜粋）

（共同正犯）
第60条　二人以上共同して犯罪を実行した者は、すべて正犯とする。

（教唆）
第61条　人を教唆して犯罪を実行させた者には、正犯の刑を科する。

2　教唆者を教唆した者についても、前項と同様とする。

（幇助）
第62条　正犯を幇助した者は、従犯とする。

2　従犯を教唆した者には、従犯の刑を科する。

（傷害）
第204条　人の身体を傷害した者は、十五年以下の懲役又は五十万円以下の罰金に処する。

（傷害致死）
第205条　身体を傷害し、よって人を死亡させた者は、三年以上の有期懲役に処する。

　また、日本では銃砲刀剣類（銃刀類）を使った凶悪犯罪を防止するため、所持は原則として禁止されています。違反すれば**「銃砲刀剣類所持等取締法」**（通称**「銃刀法」**）により処罰対象となります。銃刀類を所持するためには公安への届け出が必要で、所持する者は制限されます。警察官や警察で銃を管理する者、また狩猟、競技としての射撃を目的とする場合などが該当します。
　また、所持者に対しては、銃刀類の管理についても厳しく定められています。例えば、他者への譲渡や貸し付け禁止です。よって、インターネットで許可を受けていない個人を対象に銃刀類を取引することは違法行為です。
　以下に銃砲刀剣類所持等取締法を一部のみ抜粋します。第3条では、拳銃本体

とその部品の所持、輸入、譲り受け・借り受けなどの禁止について、第4条では所持の許可を受けるための条件が詳細に定められています。

銃砲刀剣類所持等取締法（抜粋：所持の禁止）

（所持の禁止）
第3条　何人も、次の各号のいずれかに該当する場合を除いては、銃砲又は刀剣類を所持してはならない。

一　法令に基づき職務のため所持する場合

二　国又は地方公共団体の職員が試験若しくは研究のため、第五条の三第一項若しくは鳥獣の保護及び狩猟の適正化に関する法律（-中略-）の用に供するため、又は公衆の観覧に供するため所持する場合
-以下略-

（許可）
第4条　次の各号のいずれかに該当する者は、所持しようとする銃砲又は刀剣類ごとに、その所持について、住所地を管轄する都道府県公安委員会の許可を受けなければならない。

一　狩猟、有害鳥獣駆除又は標的射撃の用途に供するため、猟銃又は空気銃を所持しようとする者（-以下略-）

二　人命救助、動物麻酔、と殺又は漁業、建設業その他の産業の用途に供するため、それぞれ、救命索発射銃、救命用信号銃、麻酔銃、と殺銃又は捕鯨砲、もり銃、捕鯨用標識銃、建設用びよう打銃、建設用綱索発射銃その他の産業の用途に供するため必要な銃砲で政令で定めるものを所持しようとする者
-以下略-

5.11.3 闇サイトの通報

　前節で示した自殺や犯罪誘引、その他にも違法性のある情報、公序良俗に反する情報などを受け付ける窓口として**インターネット・ホットラインセンター**があります。具体的には以下に示すような情報を見つけたら、凶悪犯罪や人命の損なわれるような事件を防止する意味で通報してください。

通報すべき情報
・情報自体から違法行為と見なされるもの
　　銃刀類の取引、爆発物の製造、殺人、脅迫などの請負・誘引等。
・人を自殺に誘引・勧誘する情報
　　集団自殺の呼びかけ、自殺方法や幇助に関する書き込み。
・規制薬物の濫用・取引をあおるような記述
　　大麻の栽培など麻薬の製造につながる情報。

　インターネット・ホットラインセンターでは、振り込め詐欺やわいせつ犯罪に関する情報も受け付けています。
　その他、本書で紹介した相談窓口を下記にまとめます。

▶ インターネットのトラブルに関する届出および相談窓口

◉ IPA（情報処理推進機構）
　　不正アクセス、ウィルス、不審メール等の届出と相談
　　http://www.ipa.go.jp/security/todoke/

◉ 迷惑メール相談センター（財団法人日本データ通信協会）
　　特定電子メール（広告または宣伝目的）に関する相談
　　http://www.dekyo.or.jp/soudan/

◉ インターネット・ホットラインセンター（IAJapan　財団法人インターネット協会）
　　日本におけるインターネット上の違法・有害情報の通報受付

http://www.internethotline.jp/

◉国民生活センター
・フィッシング詐欺等、インターネットのトラブル全般に関する相談窓口
http://www.kokusen.go.jp/
・全国の消費生活センター等
http://www.kokusen.go.jp/map/

◉警察庁　サイバー犯罪対策
・サイバー犯罪の予防策・対処法に関する情報
http://www.npa.go.jp/cyber/index.html
・インターネットのトラブルに関する相談受付
http://www.npa.go.jp/cybersafety/
・全国（都道府県別）警察サイバー犯罪相談窓口一覧
http://www.npa.go.jp/cyber/soudan.htm

◉予告.in
犯行予告の収集・通報
http://yokoku.in/

- 自殺を勧める行為や毒物提供などの幇助は、自殺関与罪となる。
- 犯罪の誘引、復讐、銃刀類の取引、爆発物の製造などの掲示板を設けているサイトを見つけたら、凶悪犯罪防止のため通報する。

第5章のまとめ

この章では以下のことを学習しました。

- 不正アクセス行為と罰則（不正アクセス禁止法）
- 著作権、著作隣接権、複製権、送信可能可権などの侵害となるケース
- マルウェアに感染した場合に適用される法律（電子計算損壊等業務妨害など）
- 名誉毀損罪・侮辱罪とプロバイダ責任制限法
- 威力業務妨害
- 個人情報の収集や管理責任（個人情報保護法）
- オークションサイト開設と古物営業法
- 不正請求と電子消費者契約法
- 特定電子メールの規制に関する法律
- 出会い系サイトの規制
- 闇サイト、公序良俗に反する情報の掲載に関する取締まり
- 自殺幇助や犯罪請負に関する法律

章末問題

問題5.1　個人情報取扱事業者が情報取得および管理する上での責任について、個人情報保護法をもとに説明しなさい。

問題5.2　不正アクセス行為と不正アクセス準備行為について説明しなさい。

問題5.3　他人の著作物（デジタルデータ）をWebサーバに置く場合、留意すべき点について説明しなさい。また、論文や論評で著作物を「引用」する場合について、気をつけるべきことは何か。

問題5.4　コンピュータウィルスの所持や作成の禁止について、コンピュータウィルス罪をもとに説明しなさい。

問題5.5　掲示板で誹謗中傷と判断される書き込みがされた場合、プロバイダとしての責任と対処について説明しなさい。

問題5.6　犯行を予告する書き込みをした場合、どのような法律が適用されるか説明しなさい。

問題5.7　電子メールで覚えのない有料サイトから会費を請求された場合、どのような対処をすべきか、電子消費者契約法に基づいて説明しなさい。

問題5.8　特定電子メールを送信する場合についての送信方法を、迷惑メール防止法にのっとって説明しなさい。

問題5.9　出会い系サイトについて、禁止事項および事業者の義務について、出会い系サイト規制法にのっとって説明しなさい。

索引

記号

.com……61、70
.exe……61、70

A

ActiveX……63
ADSL……9、10
Anntinny……73

C

CA……103
CATV……9、10
ccTLD……15

D

DES……101
DHCP……11
DMZ……94
DNS……11、14
DNSポイズニング……33
DDoS攻撃……65
DoS攻撃……65

E

eBook……7
Ethernetカード……17

F

Facebook……5
FTP……11
FTTH……9、10

G

GPS……8
gTLD……15

H

HTML……19
http……20
https……105

I

ICカード……8、88
IoT……2
IPA……67、117、166
IPv4……13
IPv6……14
IPアドレス……13
IPマスカレード……16
ISDN……9、10
ISP……9

J

Java……63
JavaScript……63

L

LINE……5

M

MACアドレス……17
MBR……61
MS-DOS……61

N
NIC……14

O
OS……58

P
PDCAサイクル……108
PE型ウィルス……61
PEファイル……61
POP3……11
POP3サーバ……18
POS……8
PROXY……11

R
RAID……97
RSA暗号……103

S
SMTP……11
SMTPサーバ……18
SNS……5
SSL……104

T
TLD……15
TLS……104
Twitter……5

U
URL……14
USBメモリ……72

V
VBS……63

W
Webページ感染型ウィルス……63
Webメール……4
Winny……45、73
WWW……11、19

X
XSS……34

あ行
アカウント……28、82
アクセス権……82
アクセス制御……115
アクセスポイント……107
亜種……60
アップデート……75
アドウェア……66
アプレット……63
暗号……99
暗号化……99
暗号文……99
家出掲示板……37
意匠権……118
違法販売……52
威力業務妨害……50、132
インターネット異性紹介事業
　　……36、154
インターネット異性紹介事業者……159
インターネット異性紹介事業を利用して
　　児童を誘引する行為の規制等に関す
　　る法律……154
インターネットサーバ……10
インターネット・ホットラインセンター
　　……166
インタフェース……11
インタラクティブ……130

引用……120
ウィルス対策ソフト……75
ウィルス定義ファイル……75
ウェブ・ログ……4
裏サイト……4
エクスプローラ……98
エスクロー……43
エスクロー・サービス……43
遠隔操作……57、65
オークションサイト……42、141
押し売り……71
オプトアウト方式……149
オプトイン方式……149
オンラインゲーム……6

か行

改ざん……82
改正特定商取引法……46
解読……99
鍵……99
架空請求……39
架空電子メールアドレス……151
拡張子……61、70
換字……100
キー・ロガー……86
偽装サイト……32
驚異……82
共通鍵暗号方式……102
業務妨害……132
クッキー……34
国コードトップレベルドメイン……15
クライアント……10
クラウドコンピューティング……20
クラッカー……11
クラッキング……28
グローバルアドレス……16

クロスサイト・スクリプティング……34
ゲートウェイ型ファイアウォール……92
検索エンジン……3
公安委員会……141、157
公開鍵……103
公開鍵暗号方式……103
公衆送信……123
公衆送信権……45、123
公用文書等毀棄罪……126
国民生活センター……167
個人情報……136
個人情報取扱事業者……135
個人情報の保護に関する法律
　　……31、134、135
個人情報の漏洩……30
個人情報保護法……31、134
古物営業法……42、141
古物商……141
古物競りあっせん業者開始届出書
　　……141
コンピュータウィルス……59
コンピュータウィルス罪……127

さ行

サーバ……10
サービス拒否攻撃……65
サービス停止攻撃……65
財産権……119
財団法人日本データ通信協会
　　……153、166
サイバーパトロール……38、53
サイバー犯罪……21、23
殺人罪……163
産業財産権……118

自殺関与罪……162
自殺サイト……53、162
辞書攻撃……85
システムの復元……71
実用新案権……118
次点詐欺……43
自動スキャン……75
児童買春……36
児童ポルノ……36
集団自殺……163
銃刀法……164
銃砲刀剣類所持等取締法……164
準備行為……28
肖像権の侵害……36
商標権……118
私用文書等毀棄罪……127
情報化社会……1
情報セキュリティ……82
初期化……71
助長行為……28
ショルダー・ハッキング……85
新古物営業法……141
信用毀損……132
スキャン……77
スクリプト……34
ステートフル・インスペクション……91
ストーカー規制法……48
ストーカー行為等の規制等に関する法律……48
スパイウェア……66
スパムメール……45
スピア型攻撃……67
脆弱性……28
青少年が安全に安心してインターネットを利用できる環境の整備等に関する法律……53

青少年ネット規制法……53
生体認証……84、88
静的フィルタリング……91
セキュリティ……82
セキュリティソフト……34
セキュリティホール……71
セキュリティポリシー……78、108
全文検索型……3
総当たり攻撃……85
送信可能化権……125
ソーシャル・エンジニアリング……29、85
属性型ドメインネーム……16
ゾンビパソコン……65

た行
タグ……19
チェーンメール……46
知的財産権……44、118
チャネル……97
著作権……44、118、119
著作権法……117
著作者……118
著作者人格権……119
著作者の権利……119
著作物……118
著作隣接権……124
著作隣接権者……124
出会い系サイト……36
出会い系サイト規制法……154
ディレクトリ型……3
デジタル化……7
デジタル署名……104
デマメール……46
電子計算機損壊等業務妨害罪……126